dtv
premium

Iris Seidenstricker

ZEIT für NEUES

*Wie Sie herausfinden,
was Sie im Ruhestand
machen möchten*

**Ausführliche Informationen über
unsere Autoren und Bücher
www.dtv.de**

Dieses Buch ist auch als eBook erhältlich.

Von Iris Seidenstricker ist bei dtv außerdem lieferbar:
Der kleine Taschencoach. Impulse für ein gutes Leben
Der kleine Taschencoach. Zufriedener arbeiten, glücklicher leben
Der kleine Taschencoach. Selbstliebe
Worte, die stärken (Hrsg.)
Worte, die Kraft geben (Hrsg.)

Für Inhalte von Webseiten Dritter, auf die in diesem Werk verwiesen wird, ist stets der jeweilige Anbieter oder Betreiber verantwortlich, wir übernehmen dafür keine Gewähr. Rechtswidrige Inhalte waren zum Zeitpunkt der Verlinkung nicht erkennbar.

Originalausgabe
© 2018 dtv Verlagsgesellschaft mbH & Co. KG, München
Das Werk ist urheberrechtlich geschützt.
Sämtliche, auch auszugsweise Verwertungen bleiben vorbehalten.
Umschlaggestaltung: Isabella Grill/dtv
Satz: Fotosatz Amann, Memmingen
Gesetzt aus der Minion und DIN
Druck und Bindung: CPI – Ebner & Spiegel, Ulm
Gedruckt auf säurefreiem, chlorfrei gebleichtem Papier
Printed in Germany · ISBN 978-3-423-26187-6

Inhalt

Einleitung

Da Sie gerade diese Zeilen lesen, nehme ich an, Ihnen geht es vielleicht wie einigen meiner Coaching-Klienten. »Und jetzt?«, fragen sie sich angesichts des bevorstehenden Abschieds vom Berufsleben, »das kann doch nicht alles gewesen sein. Da muss doch noch was kommen!«

Stimmt, da kommt noch etwas. Denn wenn Sie in den Ruhestand gehen, liegen statistisch betrachtet noch gut 20 Jahre vor Ihnen. Ihre Frage ist daher völlig berechtigt. Was anfangen mit der vielen Zeit?

Natürlich – Sie könnten die kommenden Jahrzehnte einfach ohne konkreten Plan entspannt auf sich zukommen lassen. Aber das ist wahrscheinlich weder Ihre Absicht noch Ihr Anliegen, sonst hätten Sie nicht zu diesem Buch gegriffen. Vielmehr möchten Sie mithilfe von Vorschlägen und Tipps Ideen entwickeln, wie Sie Ihre Zukunft aktiv gestalten können. Weil Sie sich insgeheim vielleicht ein wenig davor fürchten, dass Sie sich schon morgens in gemütlicher »Homewear« auf dem Sofa vor dem Fernseher wiederfinden. Oder den ganzen Tag Zeitung lesen. Das mag für die ersten Wochen durchaus in Ordnung sein. Warum sollte man die Seele nicht erst mal eine Weile baumeln lassen und die neu gewonnene Freiheit wie einen langen Urlaub in vollen Zügen genießen? Dennoch: Irgendwann übt der Umstand, dass sich jeder Tag wie Sonntag anfühlt, keinen großen Reiz mehr aus. Im Gegenteil. Unzufriedenheit, vielleicht auch Unruhe macht sich breit, weil Inhalte und Aufgaben zu fehlen beginnen.

Loriots pensionierter Direktor Heinrich Lohse demonstriert in ›Pappa ante Portas‹, wozu das führen kann: Der Haushalt wird neu organisiert, die Einkaufslogistik optimiert und die Ehefrau wie die persönliche Sekretärin herumkommandiert. Was im Film so herrlich amüsant ist, liefert im echten Leben eine Steilvorlage für die Beziehungskrise und bringt den Hausfrieden in eine gewaltige Schieflage.

Es geht auch anders

So kann es, so muss es aber nicht kommen – wenn Sie sich frühzeitig mit den Veränderungen, die Ihr Ruhestand mit sich bringen wird, befassen und eine Vorstellung davon entwickeln, womit Sie sich in Zukunft beschäftigen wollen. Was ist in Ihrem Leben bisher zu kurz gekommen? Wen in Ihrer Familie und Ihrem Freundeskreis haben Sie vernachlässigt? Welche Interessen haben Sie?

In der neuen Lebensphase geht es vor allem – immer vorausgesetzt, dass Ihre wirtschaftliche Basis geklärt ist – um das Immaterielle, um Selbstwert und soziale Bindungen. Es geht um Ihren Charakter und Ihre Persönlichkeit. Und letztlich um den Sinn Ihres Lebens. Auch wenn Ihnen das vielleicht ein wenig groß und allzu bedeutungsvoll erscheinen mag. Aber genau das ist Ihr Leben ja: bedeutungsvoll. Wenn Sie sich früher schon einmal mit den existentiellen Fragen Ihres Lebens auseinandergesetzt haben, sind Ihre Antworten heute vielleicht ganz andere. Und wenn Sie es noch nie getan haben, dann ist jetzt die ideale Zeit dafür, sich diesen Fragen zu stellen.

Leistungsfähig und voller Tatendrang

Absolut motivierend sind in diesem Zusammenhang die faszinierenden Erkenntnisse der Hirnforschung. Wenn früher galt: »Was Hänschen nicht lernt, lernt Hans nimmermehr«, heißt es heute: »Was Hänschen nicht lernt, lernt Hans einfach später«, weil man inzwischen weiß, dass sich unser Gehirn lebenslang umbaut und den aktuellen Anforderungen permanent anpasst. Womit auch endgültig die immer noch weit verbreitete Überzeugung widerlegt ist, mit zunehmendem Alter schwänden die geistigen Fähigkeiten und die Schaffenskraft nehme unaufhaltsam ab, ohne dass man etwas dagegen tun könne. Was in dieser pauschalen Aussage aber sowieso nicht zutrifft und auch nie zugetroffen hat.

Immer schon haben sich Menschen mit Anfang oder Mitte 60 neue Betätigungsfelder gesucht oder ihre gewohnten weiter aktiv gehalten. Die amerikanische Modeikone Iris Apfel, Jahrgang 1921, gehört zu den Topmodels der Gegenwart, Udo Lindenberg bringt mit 70 neue CDs heraus und tourt lümmelnd durch die Konzertsäle, wie es auch Udo Jürgens tat, der mit über 80 noch im weißen Bademantel am gläsernen Flügel saß. Auch bei den Rolling Stones ist von Abgesang keine Spur. Die quirligen Rockveteranen mit einem Gesamtalter von bald 320 Jahren elektrisieren nach wie vor ihr Publikum. Und Ingrid Noll, eine der erfolgreichsten deutschen Krimiautorinnen, hatte, als ihr erster Roman erschien, die 50 bereits weit überschritten.

Das ist Ihre Zeit!

Was ich Ihnen mit all diesen Beispielen sagen möchte? Dass es für das, was Ihnen Freude macht, kein »zu alt« oder »zu spät« gibt. Ich möchte Ihnen bewusst machen, dass Sie sich nun den Themen widmen können, für die bisher kein Raum war. Jetzt haben Sie die Möglichkeit, sie anzugehen.

Probieren Sie also unbekümmert aus, was Ihnen Spaß macht, seien Sie mutig und kreativ! Vielleicht steckt ja ein Sportler, ein Musiker oder Künstler in Ihnen. Das Schöne dabei: Sie müssen kein Profi werden und der Welt beweisen, wozu Sie fähig sind. Sie dürfen Amateur bleiben und Ihre Fähigkeiten, Ihr Wissen und Ihre Erfahrungen spielerisch und allein zu Ihrer eigenen Freude weiterentwickeln. Indem Sie Ihre Stärken leben und tun, was Sie lieben, verbessern Sie Ihre Lebensqualität enorm. Ach, viel mehr noch: Sie werden glücklich!

Kapitel für Kapitel begleite ich Sie dabei, passende Ideen für Ihre Lebensgestaltung zu finden, und zeige Ihnen, wie Sie sie Schritt für Schritt umsetzen können. Die Kapitel bauen aufeinander auf. Wenn Sie aber Ihrem Interesse entsprechend ihre Reihenfolge tauschen möchten, dann tun Sie das ruhig.

Es gibt Übungen, zu denen Sie gleich auf den Buchseiten Ihre Gedanken festhalten können. Ich empfehle Ihnen aber, sich zusätzlich ein kleines Notizbuch oder eine Kladde zuzulegen, die Sie ausschließlich Ihren Notizen und Überlegungen zum Thema Ruhestand widmen. Geben Sie diesem Heft einen Namen und tragen Sie es möglichst immer bei sich. Vielleicht fällt Ihnen unterwegs etwas ein – Sie sehen oder hören etwas, das Sie inspiriert. Das können Sie dann sofort aufschreiben.

Apropos Übungen in Büchern: Man überblättert sie gern. Den größten Nutzen haben Sie allerdings tatsächlich dann, wenn Sie sie möglichst vollständig ausführen. Ich weiß, dass ich Ihnen damit einiges an Engagement abverlange. Aber wir kommen in unserer persönlichen Entwicklung nur weiter, wenn wir Informationen nicht bloß lesen oder hören, sondern sie »erleben«, das heißt, wenn die Theorie zur Praxis wird. Und wenn wir unsere Erkenntnisse auf unsere Person übertragen. Die Arbeit mit meinen Klienten, vor allem aber meine eigene Erfahrung hat mir gezeigt, dass die Beschäftigung mit sich selbst überaus spannend ist. Je nachdem, welchem Bereich wir uns widmen, kann sie Spaß machen oder unbequem, ja sogar schmerzhaft sein. Wir haben ja nicht nur Schokoladenseiten und wunderschöne Erinnerungen. Doch je ehrlicher, je mutiger und intensiver Sie sich mit sich selbst auseinandersetzen, umso mehr erfahren Sie über sich.

Trotzdem kann es natürlich sein, dass Ihnen eine Übung gar nicht liegt oder Sie mit ihr nicht zurechtkommen. Dann ist es besser, Sie verzichten darauf. Oder wandeln sie nach Ihren Ideen ab. Die Übungen sollen Sie inspirieren und unterstützen. Mein Anliegen ist, dass Sie mit Ihren Wünschen und Bedürfnissen in Berührung kommen und daraus die Zukunft entstehen lassen, die Sie gern leben möchten.

Wenn es schwierig wird

Vielleicht machen sich just dann, wenn Sie etwas gefunden haben, auf das Sie so richtig Lust hätten, aus heiterem Himmel Gefühle breit, mit denen Sie nicht gerechnet haben. Plötzlich spüren Sie Zweifel oder gar Angst in Bezug auf Ihre nächsten Schritte. Lassen Sie sich nicht davon entmutigen, bleiben Sie dran!

Vergessen Sie nicht, dass der Ruhestand wie jede neue Lebensphase eine enorme Aufregung für Ihre Seele und Ihren Körper bedeutet und trotz Ihrer großen Lebenserfahrung ganz schön einschüchternd sein kann. Sie erleben diese Zeit ja schließlich zum ersten Mal. Sie dürfen Anfänger sein und auch dazu stehen.

Wie Loriots liebenswerter Heinrich Lohse es in ›Papa ante Portas‹ im Gespräch mit seiner Frau auch tut: »Entschuldige, das ist mein erster Ruhestand. Ich übe noch.«

An dieser Stelle auch mein großer Dank an Anna, Claudia, Dorothea, Erika, Isa, Johannes, Karoline, Klaus, Kristina, Markus, Michael, Mila, Reinhard und Stefan. Sie alle werden Sie im Verlauf des Buches in ihren offenen und ehrlichen Berichten über ihren Umgang mit dem Thema Ruhestand kennenlernen.

Und nun – Vorhang auf für Sie und Ihre Zukunft! Nie gab es bessere Zeiten zum Älterwerden! Neugier, Spaß, Unternehmungslust, Aufbruchstimmung und Erfolg auf Ihrer neuen Lebensbühne wünscht Ihnen

Ihre
Iris Seidenstricker

PS:
Bitte wundern Sie sich nicht, wenn Sie neben der männlichen Form im Text nicht konsequent auch die weibliche finden. Dies geschieht ausschließlich wegen der einfacheren Lesbarkeit und ich bitte alle meine Leserinnen dafür um Verständnis.

KAPITEL 1

Wann, wenn nicht jetzt?

Ihre beruflichen und privaten Erfahrungen sind eine Schatzkiste, die Sie für sich und andere öffnen können. Ihre neugewonnene Freiheit ist es auch. Wir schauen uns an, was Alter heute bedeutet, warum der Ruhestand ein perfekter Zeitpunkt ist, sich neuen Herausforderungen zu stellen, und wie Ihnen ein guter Übergang vom Arbeitsleben in den Ruhestand gelingt.

»Ich finde es großartig, dass ich mich im Ruhestand noch einmal ganz neu kennenlernen und erleben darf«, sagt Dorothea, 72 Jahre alt und ehemalige Lehrerin. »Diese Lebensphase eröffnet mir Möglichkeiten, die ich bisher nicht nutzen konnte. Es ist die aufregendste Zeit meines Lebens.«

Was Dorothea lebt und beschreibt, ist der Ruhestands-Idealfall: Sie müssen nichts mehr tun, was in erster Linie anderen von Nutzen ist, sondern können sich mit dem beschäftigen, woraus Sie einen Gewinn für sich selbst ziehen. Es sind Ihre eigenen Ziele, die Sie nun verfolgen können. Kurzfristige – endlich die Reisen machen, die Sie schon immer machen wollten, oder die Wohnung gründlich auf Vordermann bringen – oder langfristige: Ihre vernachlässigten Hobbys wieder aufnehmen oder sich ein Betätigungsfeld erschließen, mit dem Sie immer schon geliebäugelt haben. Wie auch immer: Wenn Sie im Beruf nicht die Gelegenheit hatten und privat die Zeit fehlte – jetzt haben Sie die Chance, sich nach Herzenslust zu verwirklichen und zu entfalten, denn Sie haben, wenn Sie in den Ruhestand gehen, heute völlig andere Bedingungen und Möglichkeiten als Ihre Eltern, Ihre Großeltern und sämtliche Generationen davor. Die würden Augen machen!

Dorothea, 72 Jahre, war Lehrerin und nimmt nun den Faden wieder auf:

»Ich hatte Psychologie studiert und wollte auch in diesem Gebiet arbeiten. Aber dann kam die Familienplanung dazwischen und ich musste ziemlich schnell Geld verdienen. Also bin ich Lehrerin geworden. Aber ich wollte immer zur Psychologie zurück und habe mir gesagt: ›Wenn du mal mit dem Lehrersein durch bist, dann guckst du wieder auf dein anderes Standbein.‹ Durch Zufall bin ich mit einem kirchlichen, psychologisch ausgerichteten Beratungszentrum in Kontakt gekommen. Dort habe ich eine Ausbildung als Seelsorgehelferin gemacht und dann ehrenamtlich mitgearbeitet. Mir war schnell klar, dass ich mich dort später mehr einbringen wollte. Jetzt bin ich in der Beratung, Gruppenleitung, Ausbildung, Weiterbildung und als Seminarleiterin aktiv. Ein sehr schöner, gewünschter Unruhestand!«

1 Alt ist das neue Jung

Wenn man heute die Zeit der Berufstätigkeit hinter sich lässt, gehört man nicht wie noch in früheren Zeiten zum »alten Eisen«. Weder körperlich noch geistig. Längst gibt es eigene Messen zum Thema, eine ganze Industrie ist um Menschen jenseits der 65 entstanden und sie deckt nahezu alles ab: begleitete Touren mit dem E-Bike, Polarexpeditionen, Studienreisen in ferne Länder, eigene Fashionlabel, Mode- und Stilberatungen bis hin zum »Smart Living« mit innovativen Wohnideen. Klar, dass es auch Ü70- und sogar Ü80-Partys gibt. Und Ü80-Lauftreffs. Manche legen da überhaupt erst richtig los. Wie der 1911 geborene Inder Fauja Singh, der 2011 mit 89 Jahren beschloss, am Toronto-Marathon teilzunehmen. Zwar lief er mit fast achteinhalb Stunden als Letzter ins Ziel, dafür aber hatte er alle Herzen gewonnen. Oder wie die japanische Modebloggerin Emiko Toguchi, die mit 94 Jahren alle anderen Bloggerinnen auf Instagram in den Schatten stellt. Ihre Enkelin, deren Modelle sie präsentiert, kann sich keine bessere Werbung wünschen.

Bürgermeister im Gratulationsstress

Heute ist es keine Seltenheit mehr, 100 Jahre alt zu werden. In Deutschland ist die Zahl der 100-Jährigen von 2000 bis 2010 um mehr als 120 Prozent angestiegen, in manchen Gemeinden hat sich ihre Zahl in den letzten 20 Jahren mehr als verdreifacht. Besuchten die Bürgermeister früher die Jubilare noch zum 80. Geburtstag, kommen sie heute meist erst zum 90. vorbei. Sie haben schließlich auch noch andere Termine …

Älter werden, jünger aussehen, fit bleiben

Auf einem meiner Lieblingsfotos spaziere ich als fünfjähriger Knirps an der Hand meiner damals 57-jährigen Oma auf der Strandpromenade von Borkum. Sie war eine richtige, wunderbare Oma. Doch wenn ich sie mit Frauen vergleiche, die heute dieses Alter haben – was für ein Unterschied! Da scheinen Jahrzehnte dazwischenzuliegen. Das ist natürlich zu einem erheblichen Teil der umtriebigen Kosmetikindustrie geschuldet, die nicht müde wird, ständig neue Produkte gegen die sichtbaren Alterungserscheinungen zu entwickeln. Aber es liegt nicht nur an Permanent-Make-up, Anti-Faltencreme, Botox & Co. Es ist vor allem unser Lebensstil, der uns jung hält. Wir besuchen wie die 16-Jährigen die Pop- und Rockkonzerte der angesagten Gruppen, achten auf unsere Ernährung, haben vielleicht sogar mit dem Rauchen aufgehört und trinken weniger Alkohol. Yoga, Krafttraining, Laufen oder Schwimmen gehören für viele von uns zum Wochenprogramm. Und das fühlt sich nicht nur gut an – es sieht auch gut aus.

Die beste Nachricht aber ist: Wir gehören zu der gesündesten älter werdenden Generation, die es je gab! Dafür können wir uns bei der Medizin bedanken, die viele Krankheiten inzwischen heilen oder lindern kann. Mit dem Ergebnis, dass die Gesundheit eines heute 70-Jährigen der eines Menschen entspricht, der vor 25 Jahren 60 war.

Erika, 92 Jahre, war Körpertherapeutin:

»In einer psychosomatischen Klinik habe ich als Patientin die Konzentrative Bewegungstherapie kennengelernt und war fasziniert und absolut überzeugt von ihr. So sehr, dass ich mit 59 Jahren noch eine Ausbildung zur KBT-Therapeutin gemacht und mit 63 Jahren eine eigene Praxis in der Nähe von Frankfurt eröffnet habe. Mit 64 bin ich ins Allgäu gezogen, um dort als KBT-Therapeutin in einer Klinik zu arbeiten – 16 Jahre lang. Später habe ich sogar noch eine Trauma-Ausbildung gemacht und auch Trauma-Gruppen geleitet. Diese Arbeit hat mein ganzes inneres und äußeres Dasein verändert, auch heute noch bekomme ich Anrufe von Patienten, die vor 25 Jahren in meinen Gruppen waren. Mit 80 wurde es mir dann aber allmählich zu viel, weil ich auch noch in einer anderen Klinik gearbeitet habe und weite Wege fahren musste. Dass ich mit 64 Jahren meine Berufung zum ersten Mal richtig ausgelebt habe, war und ist nach wie vor ein Segen für mich. Und ich hätte auch niemals gedacht, dass ich mal so erfolgreich sein würde in der Arbeit. Das hatte ich mir vorher nie zugetraut. Dass ich stets die Älteste sein würde, war mir klar. Da habe ich schon auch Hemmungen überwinden müssen. Aber ich hatte nie Probleme damit und hätte mich von meinem Vorhaben auch nicht abhalten lassen.«

Fühlen Sie sich alt, weil Sie bald in den Ruhestand gehen und zwischen dem Tag Ihrer Geburt und heute so viele Jahre liegen? Oder machen Sie sich darüber keine Gedanken? Ab wann ist man eigentlich »alt«?

Nach der Definition der Weltgesundheitsorganisation (WHO) gilt als alt, wer das 65. Lebensjahr vollendet hat. Aus gesellschaftspolitischer Sicht beginnt das Alter mit der Rente, und auf dem Arbeitsmarkt zählt man oft schon mit 40 zu den Alten. Im Sport sogar noch deutlich früher. Da gibt es Disziplinen, in denen man schon mit 30 zu den Senioren gehört. Apropos: Ich kenne Menschen, die aus Prinzip keinen »Seniorenteller« bestellen, sondern dort essen gehen, wo es eine »kleine Portion« gibt. Doch zurück zum Begriff Alter: Es gibt für ihn keine einheitliche Definition. Man muss ihn selbst mit Inhalt füllen.

So alt, wie man sich fühlt

1979 startete die amerikanische Psychologin Ellen Jane Langer ein aufsehenerregendes Experiment mit älteren Menschen, mit dem sie die Sicht auf das Altern entscheidend beeinflusst hat. Langer lud 16 Männer zwischen Ende 70 und Anfang 80 für ein fünftägiges Retreat in ein Kloster ein, das zuvor entsprechend präpariert worden war. So trafen die Teilnehmer auf eine Umgebung, in der sie sich 20 Jahre zurückversetzt fühlten. Die Einrichtung war aus den 50er Jahren, im Schwarz-Weiß-Fernsehen gab es Filme wie ›Ben Hur‹ zu sehen oder Shows, die zu dieser Zeit populär waren, man konnte Musik von Nat »King« Cole hören und in alten Ausgaben des ›Life Magazins‹ und der ›Saturday Evening Post‹ blättern.

Dann wurde die Gruppe geteilt. Die Teilnehmer der ersten Gruppe sollten sich vorstellen, tatsächlich im Jahr 1959 zu leben und wieder so jung wie damals zu sein. Alles, was später in ihrem Leben passiert war, sollte in dieser Woche keine Rolle spielen. Die andere Gruppe wurde lediglich aufgefordert, sich an das Jahr 1959 zurückzuerinnern.

Das Ergebnis des Experiments war verblüffend. Und lässt sich am besten im Sprichwort »man ist immer so alt, wie man sich fühlt« zusammenfassen. Denn alle Teilnehmer waren allein durch die Beschäftigung mit einer Lebensphase, in der sie deutlich jünger waren, tatsächlich »jünger« geworden, wobei bei den Männern der ersten Gruppe die Veränderungen noch deutlich stärker zutage traten als bei der zweiten. So hatte sich unter anderem die Beweglichkeit ihrer Gelenke verbessert, die Kraft in den Fingern hatte zugenommen, sie konnten wieder aufrechter gehen und wurden dadurch auch wieder größer. Auch ihr Hör- und Sehvermögen war besser als vor dem Experiment, ebenso wie ihre Erinnerungsleistung.

Wie konnte das geschehen? Die einfache Erklärung ist, dass

die Männer, die »jünger« geworden waren, sich auch wirklich so gefühlt hatten. Sie hatten es geschafft, jene Schaltkreise in ihrem Gehirn zu aktivieren, die sie daran erinnerten, wie sie vor 20 Jahren waren. Die Bilder und Vorstellungen aus der früheren Zeit waren wieder da, sie »lebten« damit. Dadurch wurden komplexe körperchemische Vorgänge in Gang gesetzt, die die Körperzellen entsprechend verjüngten.

Bedeutet dies nun, dass Altern vielleicht gar nicht so sehr eine rein körperliche Angelegenheit, ein biologischer Prozess ist? Sondern wir es vielmehr mit dem Kopf steuern? Ja, genau so könnte man das sagen. Und daraus folgt, dass wir mit unserem Denken beeinflussen können, wie schnell unser Alterungsprogramm abläuft.

Gene und Lebensstil

Aktuelle Forschungen gehen davon aus, dass das Altern zu 25 bis 30 Prozent durch die Gene und zu 70 bis 75 Prozent durch den Lebensstil und die persönliche Einstellung bestimmt wird. Mit simplen Regeln und Maßnahmen kann man die biologische Uhr dazu bringen, langsamer zu ticken. Die einfachsten sind: sich selbst und das Leben mögen, nicht rauchen, wenig Alkohol, viel Bewegung, gesunde, kalorien- und kohlenhydratreduzierte Ernährung und möglichst wenig Stress. Gerade Stress beschleunigt den Alterungsprozess enorm. Daher ist es wichtig, die eigene Stressbelastung im Blick zu haben und ihr mit Entspannung entgegenzuwirken.

Wie wir selbst alt werden, ist also zu einem nicht unerheblichen Teil verhandelbar. Zu dem, was wir zur Verhandlungsmasse beitragen, gehört nicht nur unser Lebensstil, sondern auch, welche Bilder wir bei dem Gedanken »Alter« vor Augen haben und welche Gefühle wir damit verbinden. Denn unser Denken findet in Bildern statt. Machen Sie für einen Moment die Augen zu und stellen Sie sich vor, wie Sie in 10, 15 oder 20 Jahren sein werden. Wie werden Sie aussehen? Wie sich fühlen? Wie sich verhalten?

Wissenschaftler haben inzwischen in unzähligen Experimenten nachgewiesen, dass wir mit unseren Einstellungen, Erwartungen und Gefühlen bestimmen, wie unsere Realität aussehen wird. Altern ist daher in hohem Maße vor allem eine Sache unserer persönlichen Einstellung. Wie wir zu unserem Alterungsprozess stehen und ob wir uns von ihm beeindrucken lassen oder nicht, wirkt sich sogar auf unsere Lebenserwartung aus.

Mit einem langen Leben dürfen wir rechnen, wenn wir dem Alter gegenüber grundsätzlich positiv und optimistisch eingestellt sind. Was eine amerikanische Studie aus dem Jahr 1975 belegen konnte. Mehr als 650 Menschen sollten auf einem Fragebogen negative oder positive Aussagen zum Alter ankreuzen. Rund 20 Jahre später stellten die Forscher fest, dass diejenigen, die das Altern tendenziell positiv betrachtet hatten, im Durchschnitt 7,5 Jahre länger lebten als jene, die eine eher negative Haltung eingenommen hatten. Die persönliche Einstellung hatte auf die Lebenserwartung sogar einen größeren Einfluss als Blutdruck, Cholesterinspiegel, Körpergewicht, Bewegung und Rauchen.

Den so leichtfertig dahingesagten Satz »man wird ja auch nicht jünger« sollten Sie daher in Anbetracht der Männer im Kloster und dem Wissen darüber, wie Ihre Gedanken Ihre Realität steuern, ruhig noch einmal überdenken, bevor Sie ihn das nächste Mal aussprechen. Noch besser: Sie streichen ihn ganz.

Jungbrunnen Neugier und Offenheit

Wenn Sie ein interessantes, langes Leben haben und das Altern hinauszögern möchten, dann sollten Sie sich Ihre Offenheit und Neugier bewahren – Fähigkeiten, die für die Forscher zu den Jungbrunnen schlechthin zählen. In vielen Studien konnten sie nachweisen, dass Menschen, die auch in fortgeschrittenem Alter noch Interesse für ein herausforderndes, inspirierendes Hobby aufbringen, die flexibel bleiben und auch gern mal ein kleines Wagnis eingehen, sich von ganz allein einen jungen Geist erhalten.

Doch das ist oft leichter gesagt als getan. Vielleicht haben Sie festgestellt, dass Ihre Offenheit und Ihre Neugier auf die Welt im Laufe der Jahre ein wenig abgenommen haben. Und bestimmt kennen Sie Menschen, die im Alter von ihren eingefahrenen Verhaltensweisen nicht abrücken wollen, die engstirnig und stur werden und das Neue meiden wie der Teufel das Weihwasser. Weil früher eben »alles besser war«.

Es ist eine Krux: Je älter wir werden, umso mehr bräuchten wir unsere kindliche Neugier, um uns geistig und auch körperlich frisch und fit zu halten. Aufgeweckte Zweijährige stellen ihren Eltern im Durchschnitt 107 Fragen pro Stunde. Ihre Neugier ist die Voraussetzung dafür, dass sie die Welt um sich herum immer besser verstehen, sich Zusammenhänge erschließen können und so selbständig und lebensfähig werden.

Doch mit zunehmendem Alter kommt uns diese kostbare Eigenschaft immer mehr abhanden. Bei manchen Menschen zeigt sich eine Abgeklärtheit oder auch Resignation der Welt gegenüber. Sie lehnen mit einer müden Kenne-ich-schon-alles-Haltung die bunten Angebote des Lebens ab. Verständlich. Der Alltag kostet mit seinen zahlreichen beruflichen und privaten Themen genug Kraft und Nerven. Da ist man oft einfach nur froh, wenn nicht noch weitere Herausforderungen dazukommen.

Offenheit kann aber auch durch eine unterschwellige Angst blockiert werden. Vielleicht fühlt man sich damit überfordert, das neue Smartphone mit all seinen Funktionen zu verstehen. Oder hat Probleme damit, gesellschaftliche Entwicklungen nachzuvollziehen. Das Tempo, in dem sich Dinge ändern, an die man sich gerade erst gewöhnt hat, nimmt schließlich ständig zu. Da machen manche lieber gleich dicht. Und nicht zuletzt ist da auch noch die eigene Bequemlichkeit. »Dafür bin ich schon zu alt« oder »das ist nichts mehr für mich« sind in der Tat unschlagbare Argumente, wenn man die Anstrengung scheut, sich mit Neuem auseinanderzusetzen. Sie schränken die Möglichkeiten, die sich bieten, aber auch enorm ein.

Neugier bereichert das Leben

Neugier bedeutet in Bewegung zu bleiben und Neues zu lernen. Studien zeigen: Das Erlernen neuer Hobbys wirkt sich positiv auf die Gehirnmasse aus. Mit jedem Mal, bei dem das Gehirn mit einer ungewohnten Aufgabe beschäftigt ist, sprießen frische Synapsen und werden bereits vorhandene gestärkt. Wer aufgeschlossen durchs Leben geht, sich für neue Dinge begeistern kann und vielfältige Interessen hat, bleibt also geistig fit und flexibel und scheint im Vergleich zu Altersgenossen, die mental weniger aktiv sind, sogar nur rund halb so oft an der Alzheimer-Demenz zu erkranken.

Wissenschaftlich nachgewiesen ist auch, dass neugierige Menschen länger leben und zufriedener sind als jene mit weniger Interesse an der Welt, denn sie betrachten das Leben mehr als ein aufregendes Abenteuer und fühlen sich von ihm eher herausgefordert als überfordert. Neugierige Menschen bauen auch leichter tiefe Freundschaften auf, weil sie Anteilnahme und Empathie für andere Menschen empfinden und sich gern auf sie einlassen.

Natürlich dürfen und sollen Sie Ihre Gewohnheiten behalten und die Rituale, die Ihnen guttun, pflegen. Die Herausforderung besteht darin, eine Balance zwischen Vertrautem und Neuem mit Rücksicht auf Ihre eigenen Bedürfnisse herzustellen. Sind Sie jemand, der eher viel Sicherheit braucht? Oder jemand, der sich immer nach Abwechslung sehnt und gar nicht genug davon bekommen kann? Grundsätzlich haben wir beide Bedürfnisse in uns – das nach Ruhe und Sicherheit und das nach Abwechslung.

Wenn Sie weiter geistig und körperlich fit bleiben wollen, dann kultivieren Sie Ihre Neugier und riskieren Sie ab und zu etwas. Gut möglich, dass eine Aktion auch einmal nicht so verläuft, wie Sie es sich erhofft haben. Und Sie sie nicht wiederholen werden. Aber genau darum geht es ja: Erfahrungen zu machen, sich daran weiterzuentwickeln und die Angst vor dem Neuen, die völlig normal ist, zu überwinden. Die gehört zu Ihnen, sollte Sie aber nicht davon abhalten, Neues auszuprobieren und sich dadurch selbst immer wieder Lebendigkeit und neue Chancen zu schenken. Das Leben ist eine unerschöpfliche Wundertüte – wenn Sie den Mut haben hineinzuschauen. Welches kleine Risiko könnten Sie heute eingehen? Und welches morgen?

Michael, 63 Jahre, ist Pastor und geht in zwei Jahren in Ruhestand:
»Auf der einen Seite glaube ich, dass es eine schöne Zeit wird. Manche Last und Verantwortung wird von mir abfallen und ich werde eine lang nicht mehr erlebte Freiheit haben. Auf der anderen Seite ist es mit einer ... ja, Angst will ich nicht sagen, aber doch mit einer Bedenklichkeit verbunden, wie sich diese Zeit nach der Arbeit tatsächlich anfühlt. Das weiß ich ja nicht. Ich habe

viele Bekannte, die sehr unterschiedlich mit ihrem Ruhestand umgegangen sind. Manchen war die Befreiung anzusehen und manche haben sehr lange gebraucht, darin anzukommen. Weil sie sich so unwichtig fühlten, komplett draußen aus allen Bezügen. Ich weiß eben nicht, was mich erwartet und wie das für mich sein wird.

Mich mit den Themen Ruhestand und Alter auseinanderzusetzen – dabei hilft mir auch mein Glaube. Wie bei jedem Glauben, so kommen mir auch bei meinem immer mal wieder Zweifel. Doch momentan erlebe ich ihn als Hilfe und als sehr tragend. Und ich vertraue darauf, dass ich, wie auch immer der Weg jetzt und bald aussieht, mit Gottes Hilfe dem gewachsen sein werde, was da auf mich zukommt. Ich bin gespannt, was passiert.«

2 Abschied und Loslassen

Klaus schmunzelt, wenn er sich an den Abschied aus der Firma erinnert. »Und was machen Sie jetzt?«, wiederholt er die Frage, die ihm jeder an seinem letzten Tag im Büro gestellt hat. »Zur Beruhigung der anderen habe ich dann geantwortet: ›Ich lerne Italienisch und kochen.‹ Kochen stimmte nicht ganz, aber ins Italienische nochmals richtig einzusteigen, das ich früher für kurze Zeit studiert und dann aufgegeben hatte, das war tatsächlich mein Plan.«

Abrupt aus der Arbeitswelt auszusteigen, quasi die Vollbremsung aus Tempo 100, kann das seelische Gleichgewicht ganz schön aus dem Lot bringen. Ziehen Sie sich daher bewusst und möglichst über einen längeren Zeitraum in Etappen aus dem alten Feld zurück. Überlegen Sie sich, wie Sie das am besten organisieren können. Und überlegen Sie auch, wie speziell Ihr letzter Tag im Unternehmen aussehen soll.

Auf keinen Fall sollten Sie sich einfach aus der Firma schleichen. Ein würdiger Abschied hilft Ihnen, die Lebensphase »Beruf« hinter sich zu lassen und die Lebensphase »Ruhestand« zu begrüßen. Denn nur, wer einen Lebensabschnitt wirklich abschließt, kann auch einen neuen beginnen. In der Wissenschaft nennt man das den »Zeigarnik-Effekt«, benannt nach der russischen Psychologin, die in den 1920er Jahren in Experimenten feststellte: Wenn etwas noch nicht abgeschlossen ist, bleibt es als quasi unerledigt im Kopf haften und man fühlt sich unwohl. »Man« wären in diesem Fall Sie selbst, aber auch Ihre Kollegen. Es bliebe ein fader Nachgeschmack zurück.

Hier sind einige Tipps, wie Sie entspannt den Abschied aus dem Berufsleben vorbereiten und dann völlig frei und unbeschwert Ihrer neuen Lebensphase entgegengehen können:

Planen Sie Ihren Übergang schrittweise

Ideal, wenn Sie schon ein, zwei Jahre vorher Ihre Arbeit auf 80 Prozent reduzieren. Dann fangen Sie nämlich schon zeitig damit an, gedanklich Abstand von der Firma zu gewinnen. Sie identifizieren sich nicht mehr so stark mit dem Unternehmen und suchen parallel neue Inhalte. Lassen Sie sich von Ihrer Personalabteilung bezüglich Altersteilzeitmodellen Ihrer Firma beraten.

Legen Sie eine Datei für die Übergabe an

Legen Sie früh ein Notizheft oder eine Datei an, in die Sie alles schreiben, was für die Übergabe wichtig ist. Dann können Sie sicher sein, dass Sie auch Kleinigkeiten nicht vergessen. Was leicht passiert, wenn man die betreffende Agenda auf den letzten Drücker erstellt. Sorgen Sie in Absprache mit Ihrem Vorgesetzten dafür, dass Ihr Nachfolger für seinen Einstieg gut gerüstet ist, und klären Sie mit ihm, in welcher Form die Übergabe stattfinden soll.

Sommer oder Winter?

»Das Schöne war, dass ich nicht im Winter, sondern mit Beginn des Sommers in den Ruhestand gegangen bin«, sagt Klaus. »Da konnte ich eine Menge draußen unternehmen.«

Wenn auch Sie den Sommer, die Wärme und das Licht lieben und gern draußen sind, dann ist es natürlich ideal, wenn Ihr Ruhestand in dieser Jahreszeit beginnt. Aber auch Herbst und Winter haben ihre Vorteile. Man kann es sich gemütlich machen, länger im Bett und überhaupt zu Hause bleiben, während die vielen verschnupften Pendler im grauen und kalten Morgen zur Arbeit unterwegs sind. Für den Beginn des Ruhestands ist also jede Jahreszeit die richtige, wenn Sie sie zu nutzen wissen.

Markus, 58 Jahre, war Senior Manager in einem internationalen Unternehmen und hat sich nach seinem Ausscheiden als Consulter selbständig gemacht:

»Ich hatte eine lange Zeit des Abschiednehmens und das war gut so. Im letzten Jahr habe ich nämlich noch einen anderen Job gemacht, in dem ich viel gereist bin – auch im Ausland – und durch den ich gedanklich aus meiner Rolle und dem Tagesgeschäft schon raus war. Das war so etwas wie qualitative Altersteilzeit. Den täglichen Umsatz- und Mitarbeiterdruck gab es nicht mehr, ich war jetzt als Berater tätig, konnte noch ein Jahr für meine Firma arbeiten und hatte gleichzeitig die Chance, mental Stück für Stück auszusteigen und mich langsam aus der operativen Verantwortung herauszunehmen. Wenn ich in Deutschland war, hatte ich einen kleinen Schreibtisch in der Ecke oder konnte von zu Hause aus arbeiten. Ich hatte zunächst gedacht, dass das vielleicht eine frustrierende Zeit werden würde – aus dem Job, aber noch in der Firma. Dass das ein Abstellgleis ist und ich nur noch geduldet werde. Aber ich konnte etwas bewegen und wurde wertgeschätzt für das, was ich tat.«

Bereiten Sie sich emotional auf den letzten Tag vor

Auch wenn Sie sich für eher »hart im Nehmen« halten – der letzte Tag kann emotional sehr bewegend sein. Manche haben so große Angst davor, dass sie sich kurz (oder auch schon Wochen) vorher krankmelden. Wenn Sie merken, dass es Ihnen beim Gedanken an Ihren nahenden Abschied nicht gutgeht, geben Sie auch diesem Gefühl Raum. Die Trauer über den Verlust des Arbeitsplatzes ist absolut berechtigt. Nehmen Sie sich Ihre Gewinn- und Verlustliste von Seite 36 vor, schauen Sie auf Ihre Gewinnseite und versuchen Sie, den Gewinn jetzt schon zu fühlen. Wenn Sie Ja zum Wandel und zur neuen Lebensphase sagen, werden Sie bald die Energie des Aufbruchs spüren.

Von wem wollen Sie sich persönlich verabschieden?

Nicht nur Sie werden viele gute Wünsche bekommen – Sie selbst werden Ihren Kolleginnen und Kollegen am letzten Tag auch Wünsche mit auf den Weg geben. Dann spontan die passenden Worte zu finden ist nicht immer leicht. Überlegen Sie daher schon vorher, was Sie wem sagen wollen, was Sie an jemandem bewundert haben, was er Ihnen bedeutet hat und was Sie mitnehmen: »Wenn ich mir ein Stückchen von Ihnen abschneiden dürfte – es wäre …« Damit ehren und würdigen Sie Ihre Kollegen noch einmal. Und schenken sich selbst mit Ihren herzlichen Worten ebenfalls ein schönes Gefühl.

Famous last words?

Wenn Sie mit Ihrem Chef oder dem einen oder anderen Kollegen Schwierigkeiten hatten – widerstehen Sie der Versuchung, ein letztes Mal eine passende Antwort zu geben oder sich vielleicht gar nicht zu verabschieden. Selbst wenn es nur ein kurzer Abschied mit den Worten »Ich wünsche Ihnen beruflich und privat viel Glück« ist – sehen Sie es als Ritual, dieses Kapitel Ihrer Beziehung friedlich zu beenden. Das bringt Ihnen auf Dauer mehr, als wenn Sie eine Feindseligkeit unabgeschlossen weiter mit sich herumtragen. Die stresst Sie nämlich und Sie schaden damit nur Ihrer Gesundheit. Und wenn die Beziehung es nicht zulässt, dass Sie sich persönlich begegnen, dann können Sie sich trotzdem von ihm verabschieden, indem Sie ihm gedanklich alles Gute wünschen.

Auch mit einer Abschiedsmail können Sie »famous last words« hinterlassen. Aber auch hier gilt: Nutzen Sie sie nicht, um sich für etwas zu rächen oder endlich zu sagen, was Sie sich schon seit Langem denken. Wie der sächsische König Friedrich August III. im November 1918. Als er abdanken musste, ging er mit fünf Abschiedsworten, die Geschichte schrieben: »*Machd doch eiern Drägg alleene.*« Das mag ehrlich gewesen sein, nobel war es nicht. Machen Sie Ihrem Ärger nicht auf diese Weise Luft, denn er vergeht irgendwann, die Abschiedsmail aber bleibt. Schreiben Sie sie daher als Entwurf, geben Sie sie einer Person Ihres Vertrauens zum Lesen und schlafen Sie eine Nacht darüber. Wenn Sie dann immer noch ein gutes Gefühl haben, können Sie auf »senden« klicken.

Übrigens: Ein Ort für Kritik, Enttäuschungen und Verletzungen sind sogenannte Austrittsgespräche mit dem Vorgesetzten, die manche Firmen ihren Mitarbeitern anbieten, um ihnen die Möglichkeit zu geben, Altes endgültig loszulassen.

Die Abschiedsrede – muss sie sein?

So fragen viele, aber: Ja, sie sollte sein. Auch wenn Sie vielleicht nicht gern im Mittelpunkt stehen und keine große Rednerin oder kein großer Redner sind – eine Abschiedsrede ist immer eine schöne Sache und gehört zum stimmigen und gelungenen Abschied dazu. Mit ihr würdigen Sie Ihre langjährigen Kolleginnen und Kollegen und die Zeit, die Sie im Unternehmen verbracht haben.

Wenn eine spontane Ansprache oder Stegreifrede nicht gerade Ihre Lieblingsdisziplin ist, können Sie sie schon Monate vorher vorbereiten. Die wichtigste Regel dabei: *KISS – keep it short and simple*, machen Sie es kurz und nicht zu sentimental. Keiner mag Abschiede gern. Und manche können mit Sentimentalität nicht gut umgehen. Außerdem ist es ja auch keine Trauerfeier – Sie gehen »nur« in Ihren wohlverdienten Ruhestand.

Da einem erfahrungsgemäß nichts einfällt, wenn man sich hinsetzt und loslegen will, sammeln Sie schon Monate vorher Anekdoten, Projekte, Begegnungen, wichtige Erlebnisse mit Kollegen in Ihrem Notizbuch. Dazu, wie Sie die Rede aufbauen und gestalten können, finden Sie Anregungen in Büchern oder Sie schauen einfach mal im Internet. Unter dem Stichwort »Rede vorbereiten«, »Rede schreiben« oder »Abschiedsrede Ruhestand« finden

Sie prima Anregungen und auch Beispielreden, die Sie für Ihren eigenen Abschied nur noch anpassen müssen.

Der letzte Tag im Job ist da

Irgendwann ist er da. Vielleicht freuen Sie sich schon darauf, vielleicht bereitet er Ihnen Bauchschmerzen, vielleicht blicken Sie auch aus einer etwas unsortierten Gefühlslage auf ihn. Wie Sie Ihren letzten Tag gestalten, hängt ganz von Ihnen, aber auch von der Firmenkultur Ihres Unternehmens ab. Was ist bei Ihnen üblich? Wie machten es die Kolleginnen und Kollegen vor Ihnen?

Wenn Sie selbst entscheiden können, wählen Sie das Format, das zu Ihnen passt. Eine große Feierlichkeit? Eine Party? Oder eher der kleine Rahmen, zum Beispiel ein Umtrunk oder mehrere Mittag- oder Abendessen mit unterschiedlichen engeren Kollegen, mit denen Sie sich noch einmal in Ruhe unterhalten wollen? Manchen ist ein ganz »normaler« Arbeitstag und dann der leise Abschied, nur mit Handschlag, am liebsten. Alles ist in Ordnung. Wichtig ist, dass Sie Ihren Abschied so gestalten, dass Sie sich wohlfühlen mit ihm. Sie müssen nicht die ganze Firma einladen, es muss keine riesige Sause werden – Kuchen, ein kleiner Sektumtrunk und Häppchen reichen völlig.

Genießen Sie auch, wenn die Kollegen etwas vorbereitet haben und eine Laudatio auf Sie gehalten wird, bei der alle Blicke auf Sie gerichtet sind. Es ist ein gemeinsames Erlebnis, bei dem die Menschen, die mit Ihnen so viel Zeit verbracht haben, Sie noch einmal würdigen und aus ihrem Kreis verabschieden können. Für beide Seiten ein wichtiger psychologischer Moment, der etwas »rund« macht und um den Sie sich und Ihr Team nicht bringen sollten. Und wenn es in Ihrer Firma eine Tradition für Abschiedsfeiern gibt, die Ihnen gar nicht liegt, dann laden Sie zusätzlich noch zu einem anderen gemeinsamen Erlebnis ein, das außerhalb der Firma stattfindet.

Eine Abschiedsfeier in größerem Rahmen muss übrigens auch

nicht am letzten Tag sein. Den kann man sich für persönliche Gespräche mit ausgewählten Personen und den Abschied vom eigenen Büro bzw. dem Arbeitsplatz reservieren, an dem man so lange gesessen oder gestanden hat. »Komisch war der letzte Tag in der Firma schon«, erzählt Markus nachdenklich. »Den Schreibtisch klinisch rein zu hinterlassen, seine Sachen quasi im Pappkarton unter den Arm zu nehmen, unten seinen Ausweis auf den Tisch zu legen, den Computer und das Handy abzugeben und das Unternehmen zu verlassen – das ist schon ein emotionaler Moment. Schließlich war ich da über 25 Jahre, habe mich dort wohlgefühlt und zum Teil ein sehr enges Verhältnis zu meinen Kollegen gehabt.«

Ein Abschiedsritual

Wenn Sie auf überwiegend schöne Berufsjahre zurückblicken, können Sie Ihrer Firma auch als Zeichen Ihres Dankes etwas schenken. Vielleicht eine Pflanze für das Foyer? Oder Sie investieren noch einmal in Firmenaktien, weil Sie wissen, dass das dem Unternehmen guttut und Sie ihm weiterhin alles Gute wünschen.

Und wenn es Enttäuschungen und Verletzungen gab – nehmen Sie sie nicht in die neue Lebensphase mit. Ein Ritual kann Ihnen helfen, sich von dem, was Sie verletzt und gekränkt hat, zu trennen. Schreiben Sie es auf und vergraben Sie es. Oder Sie werfen es in einen Fluss oder lassen es in Rauch aufgehen, indem Sie es verbrennen. So werden Sie frei für das, was nun kommt. Und wenn Ihnen danach ist, eine Bilanz mit all den schönen, durchwachsenen und schwierigen Jahren zu erstellen: Tun Sie es. Dann können Sie Ihre Jahre in der Firma nochmals neu bewerten, weil Sie mit einer anderen Perspektive darauf blicken.

Manche Menschen tun sich sehr schwer damit, ihre Arbeit loszulassen. Sie ertragen die Vorstellung des unaufhaltsam näher kommenden Abschieds nicht und verdrängen sie, solange es geht. Oder werden aus Sorge vor der neuen Lebensphase, in der sie erstmals Rentner – also alt – sind, krank. Sich mental auf den Ruhestand und insbesondere auf den letzten Tag im Job vorzubereiten ist daher nicht nur eine gute Idee, man vermeidet damit auch, dass er einen kalt erwischt.

Johannes, 61 Jahre, war Manager in einem internationalen Konzern, ist seit zwei Jahren im Ruhestand und als Berater tätig:
»Als mein Chef in den Ruhestand ging und ihn niemand mehr anrief, wurde er fast verrückt. ›Das passiert dir nicht‹, habe ich mir damals schon gesagt, ›damit wirst du anders umgehen.‹ Ich muss dem Unternehmen nicht dankbar sein, und das Unternehmen muss mir nicht dankbar sein. Wir hatten einen Vertrag und den haben wir gegenseitig erfüllt. Wir sind quitt. Dies so empfinden zu können war ein langer Entwicklungsprozess, zu dem auch einige Enttäuschungen gehörten. Aber letztlich ist es gut, dass ich zu dieser Einstellung gefunden habe. Es gibt mir ein gutes Gefühl.
Das zweite Jahr im Ruhestand empfinde ich einfacher als das erste, weil es keinen Rückblendenbezug mehr gibt. Ich denke jetzt im Juni nicht mehr daran, dass ich im Juni davor eine interessante Begegnung auf einer Messe hatte oder auf einer Geschäftsreise war. Dieses eine Jahr macht noch einmal einen gewaltigen Unterschied.«

Wie steht es um Ihr Selbstbewusstsein, wenn das plötzlich alles nicht mehr da ist: der große Schreibtisch, der Firmenwagen, die Mitgliedschaft in berufsbezogenen Verbänden, Arbeitsgruppen und Ausschüssen? Wie damit umgehen, wenn man mit der Visitenkarte auch die Berufsrolle abgibt – egal, auf welcher Ebene sie angesiedelt war – und »nur« noch Privatperson ist? Wenn man einfach nicht mehr dazugehört?

Klar, es gibt Firmen, die bieten auch noch über die Berufstätigkeit hinaus ein Forum für ehemalige Mitarbeiterinnen und

Mitarbeiter an, im Rahmen dessen Treffen, Veranstaltungen und Weiterbildungen möglich sind. Aber man hat eben keine Funktion mehr. Und ist kein Gesprächspartner mehr, wenn es um das Tagesgeschäft geht. Was man spätestens dann merkt, wenn man die alten Kollegen besucht. Sie freuen sich zwar, rutschen aber bald unruhig auf dem Stuhl hin und her und vertrösten einen auf eine günstigere Zeit: »Deine Kontaktdaten hab ich ja, oder? Lass uns doch mal in Ruhe einen Kaffee trinken.«

Verlieren ...

Ruhestand bedeutet Verlust. Verlust an Aufgaben und Zugehörigkeit zu einem vertrauten System. Was schmerzlich ist und erst einmal verkraftet werden will. Vielleicht verlieren Sie aufgrund finanzieller Einschränkungen gewisse Annehmlichkeiten Ihres Lebensstandards. Auf jeden Fall verlieren Sie Strukturen und Rituale, die durch die Arbeit vorgegeben waren, sowie viele Ihrer sozialen Kontakte. Auch wenn Sie sich manchmal oder sogar oft über Ihre Kollegen geärgert haben – Sie waren eben doch ein Teil Ihres Lebens. Und berufliche Erfolgserlebnisse, aus denen Lob und persönliche Wertschätzung resultierten und in denen Sie einen wesentlichen Sinn Ihres Lebens sahen, gibt es auch nicht mehr.

Von heute auf morgen ändern sich die Rahmenbedingungen Ihres Lebens grundlegend. Plötzlich stehen Sie ohne das stützende Korsett da, das Ihrem Alltag Sicherheit gab. Aber das ist der Deal, den Sie vor langer Zeit durch einen Arbeitsvertrag eingegangen sind. Irgendwann ist laut diesem Abkommen Schluss. Sich das klarzumachen heißt, die Regeln zu akzeptieren. Und hilft dabei, sich nicht als Opfer zu fühlen, wenn der Zeitpunkt des Ausscheidens näher rückt.

... und gewinnen

Ruhestand bedeutet aber auch Gewinn. Denn im partiellen Sinnverlust liegt die einmalige Chance, neue Ziele und Inhalte zu entwickeln und sich dabei selbst noch einmal ganz neu kennenzulernen. Sehr wahrscheinlich gewinnen Sie eine ganz ungewohnte innere und äußere Freiheit und damit mehr Selbstbestimmung. Sie gewinnen Zeit, die Sie in neue Aufgaben, in das Finden eines neuen Rhythmus mit Ihrem Lebensmenschen und in Ihre Gesundheit investieren können. Dort, wo Sie den Kontakt zu den Kollegen verlieren, entsteht mehr Zeit für Ihre Familie und Freunde. Und Raum, in dem Sie neue Kontakte aufbauen und Ihren Interessen nach Herzenslust nachgehen können.

Wissen Sie, wie man in Indonesien Affen fängt?

Man sägt ein kleines Loch in einen Baumstamm und legt dann Nüsse hinein. Hat ein Affe den Baum entdeckt, wird er seine Hand durch die Öffnung zwängen, um sich die Nüsse zu holen. Aber sobald sich seine Hand um die Leckerbissen schließt, hängt er fest: Seine Faust ist größer als die Öffnung. Er müsste sie nur öffnen und schon wäre er wieder frei. Aber dafür müsste er die begehrten Nüsse aufgeben. Weil sein Verlangen so stark ist und er nicht weiß, dass ihn ganz allein sein Geist festhält, bleibt er gefangen.

In vielerlei Hinsicht geht es uns ähnlich wie dem Affen. Zwar umklammern wir keine Nüsse, dafür halten wir an Beziehungen fest, an liebgewordenen Ritualen, Strukturen, Geld und Besitz, an Ideen, Wünschen und festgelegten Zielen. Und oft eben auch an unserem Beruf – obwohl die Zeit gekommen ist, damit abzuschließen. Sobald Sie es schaffen loszulassen, werden Sie eine bisher ungekannte Freiheit schätzen lernen.

Überlegen Sie:
»Welche Verluste habe ich, wenn ich nicht mehr arbeite und dazugehöre? Welche Nüsse gilt es loszulassen?«

_____

_____

_____

»Was gewinne ich, wenn ich meine Hand öffne?«

_____

_____

_____

Klaus, 72 Jahre, war verantwortlich für administrative Funktionen in Controlling und Finanzen in einem internationalen Unternehmen:
»Meine Visitenkarte abzugeben hat mich nie gejuckt. Wenn mich jemand fragt, was ich früher gemacht habe, sage ich immer, ›ich war der Oberbuchhalter‹. Oder ich stelle mich bei neuen Bekannten, die uns besuchen, mit ›ich bin hier der deutschsprachige Hausangestellte‹ vor. Mein Ruhestand war und ist für mich eine geschenkte Zeit. Andere haben viele Pläne, was sie alles machen wollen. Ich dagegen war immer der Typ für ›das lasse ich auf mich zukommen, ich werde schon einen Weg finden‹, so ähnlich wie in der Mathe-

matik: Gegeben ist: ... Mach jetzt etwas. Ich hatte überhaupt keine Sorge, dass es langweilig werden könnte. Allein durch das Lesen. Ich kam ja früher nie dazu. Ein Buch zu lesen – das war eine Seltenheit. Abgesehen davon, dass ich ein echter Zeitungsleser bin. Aber jetzt lese ich mit Genuss auch mal ein dickes Buch mit 500 Seiten. Bei meinem aktuellen bin ich nach **zwei Monaten** auf Seite 310. Das ist schon toll für mich.

Auch zum Radfahren hat es in der Zeit meiner Berufstätigkeit nicht gereicht. Heute fahre ich 2000 km pro Jahr und flitze mit mehreren Radgruppen durch die Gegend. Ich bin einfach gern in der Natur. Das ist für mich die reinste Erholung und ich guck dann auch genauer hin. Solange ich gearbeitet habe, habe ich ja die Hälfte nicht gesehen, weil ich ständig so viel anderes im Kopf hatte: Wie löst du dies, wie gehst du bei Projekt xy vor, etc. Das ist nun weg und ich sehe plötzlich ganz anders. Und empfinde das als sehr positiv. Ich bin jetzt viel bewusster.«

Übrigens: Bei einer Radtour hat mir eine nette Radfahrerin mit einer Luftpumpe ausgeholfen. Wir kamen ins Gespräch und sie erzählte von ihren Radwandertouren quer und längs durch Deutschland, die sie und ihr Mann regelmäßig unternehmen, seit er vor einigen Jahren in Pension ging. »Die Mosel oder das Rheintal entlang. Um den Bodensee. Und natürlich die wunderbare Strecke entlang der Ostsee«, schwärmte sie begeistert. »Das müssen Sie unbedingt auch machen, am besten während der Woche.« Sie hielt einen Moment inne und musterte mich. »Aber da können Sie natürlich nicht«, fuhr sie bedauernd fort, »da müssen Sie ja arbeiten.« In der Tat: Die Natur außerhalb des Wochenendtrubels entdecken und genießen zu können ist eine ganz neue Erfahrung und ein großer Gewinn.

3 Ankommen im neuen Leben

Natürlich möchten Sie auch im Ruhestand so komfortabel wie möglich leben, aber wenn Sie jetzt mit weniger Geld zurechtkommen müssen oder es für andere Dinge brauchen – vielleicht um Ihre neuen Pläne zu realisieren –, dann rechnen Sie einfach mal zusammen: Wie viel kostet das große Auto im Jahr? Was das Haus, der Garten, die Haushaltshilfe? Was die Fernreisen mit den teuren Hotels? Was die Kleidungsstücke, von denen einige bereits kurz nach dem Kauf für immer im Schrank verschwinden?

Es geht nicht darum, dass Sie auf all das verzichten sollen. Es geht darum, dass Sie sich die Kosten und auch die mentale Energie, die mit dem Verwalten von Besitz verbunden ist, einmal vor Augen führen und sich fragen, ob sie jetzt nicht vielleicht besser in Ihren neuen Projekten angelegt sind. Als Investition in Ihre Zukunft. Weniger Einkommen bietet immer auch die Chance, die eigenen Werte zu hinterfragen: Was ist mir wirklich wichtig? Worauf könnte ich im Grunde genommen auch gut verzichten? Macht mich mein Leben, so, wie ich es führe, tatsächlich glücklich? Ohne äußeren Anlass beziehungsweise ohne Notwendigkeit stellen wir uns diese Fragen im Alltagstrott selten. Vielmehr rackern wir uns tagtäglich ab und nehmen Überstunden, gesundheitliche Risiken, vielleicht sogar einen Burnout oder den Verlust der Beziehung in Kauf, um den von uns gewählten Lebensstandard halten zu können. Wenn dabei das, worum es eigentlich geht – nämlich ein erfülltes, zufriedenes Leben zu führen –, auf der Strecke bleibt, ist der Preis, den wir dafür bezahlen, definitiv zu hoch.

Downshiften – einen Gang runterschalten

Den Begriff des Downshifting hat Mitte der 90er Jahre der Wirtschaftsphilosoph und Gesellschaftskritiker Charles B. Handy geprägt. Ihm geht es nicht nur darum, nach dem Motto »weniger ist mehr« Verzicht zu üben, sondern mithilfe einer persönlichen Neuorientierung dem eigenen Leben mehr Sinn zu verleihen. Indem man bewusst auf Konsumgüter und Komfort verzichtet und eventuell auch einen geringeren Verdienst akzeptiert, gewinnt man Zeit und Lebensqualität. Downshifting ist daher keine schmerzhafte Einschränkung, sondern eine Hinwendung zu den Dingen, die für einen persönlich wirklich wichtig sind.

Markus erzählt weiter:

»Meine Lebensqualität ist jetzt signifikant besser. Ich habe einfach nicht mehr diesen Stress, zu bestimmten Zeiten irgendwo sein zu müssen, jeden Tag von Montag bis Freitag, ich habe wesentlich mehr Freiraum. Das erste Jahr war noch streng eingeteilt in Woche und Wochenenden. Jetzt hat die Woche sieben Tage. Und es ist mir relativ egal, ob wir mal bei schönem Wetter am Dienstag etwas machen und ich dafür sonntags am Schreibtisch sitze oder umgekehrt. Ich kann mir jetzt selbst aussuchen, wann ich arbeite. Ich habe eine Zeithoheit. Das ist die eine Lebensqualität. Die andere ist, dass das Drumherum, das Taktieren und die Politik, die es in einem Unternehmen immer gibt, nicht mehr da sind. Ich bin weniger fremdbestimmt.«

Gesundheitsrisiko Ruhestand

»Ich bin jetzt ein Jahr im Ruhestand und mir geht es sehr gut damit«, erzählt Johannes. »Drei Monate nach Beginn hatte ich allerdings einen Herzinfarkt. Was ich auch darauf zurückführe, dass ich immer zu viel gearbeitet und zu wenig geschlafen habe. Und viel Raubbau in all den Jahren an meinem Körper betrieben habe.«

Ruhestand – klingt doch eigentlich ganz harmlos, oder? Die Weltgesundheitsorganisation allerdings sieht das nicht so. Sie führt den Ruhestand ganz offiziell in ihrer Liste der Krankmacher. Insbesondere das erste halbe Jahr nach dem Ausscheiden aus dem Beruf gilt unter Medizinern und Psychologen als eines der gefährlichsten im Leben – Herzinfarkte und Depressionen steigen hier dramatisch an. Warum ist das so? Weil der Abschied vom Arbeitsleben ebenso zu den »kritischen« Lebensereignissen zählt wie der erste Schultag, der Eintritt in das Berufsleben, die Hochzeit, die Geburt eines Kindes oder auch der Todesfall eines nahestehenden Menschen. All diese Ereignisse können zu einer Krise führen, weil sie das Ende eines Lebensabschnitts und den Anfang eines neuen markieren. Das kann ganz schön zu schaffen machen – und im schlimmsten Fall zu einer schweren psychischen oder physischen Erkrankung führen.

Mit dem Tag, an dem Sie sich von Ihrer Arbeit verabschieden, verlieren Sie Ihre Aufgaben und – gerade wenn die Arbeit der Mittelpunkt Ihres Lebens war oder Sie sich vom Unternehmen zum Ruhestand gedrängt fühlten – auch den Sinn. Je nachdem, welche Fähigkeiten Sie im Umgang mit der Bewältigung von Krisen haben, greifen Sie zu Medikamenten oder auch Suchtmitteln. Das Gläschen Wein oder Bier, das Sie sich sonst erst abends genehmigten, trinken Sie nun schon mittags. Und schnell werden es auch zwei oder drei.

Für Männer bedeutet das Ausscheiden aus dem Arbeitsleben

meist eine größere Herausforderung als für Frauen, die durch
längere Kinderpausen und den Wechsel von Voll- in Teilzeit oft
schon eine gewisse »Übung« im Meistern von Brüchen haben
und obendrein die Verantwortung für den Haushalt tragen, die
ihnen auch im Ruhestand erhalten bleibt. Was auf der einen Seite
ein Vorteil ist, kann auf der anderen Seite aber auch ein Nachteil
sein: Dadurch, dass ein wesentlicher Bereich erhalten bleibt,
nimmt man den Raum für neue Impulse weniger wahr.

Für Johannes war der Herzinfarkt eine Warnung. Inzwischen
achtet er mehr auf sich, ohne es mit der Disziplin zu übertreiben.
»Ich bin abends gern lange wach und stehe dafür dann am nächsten Morgen eben erst um acht Uhr auf. Das hätte es früher nie
gegeben. Heute gönne ich es mir.«

Rollenwechsel

Ob man seinen Beruf mochte oder nicht – es kann immer schwer
sein, die alte Rolle loszulassen, die ja durch das, was man erreicht
hat und vorweisen konnte, die eigene Persönlichkeit prägte und
zum Selbstwertgefühl beitrug. Manch ehemalige Führungskraft
gibt zu Hause plötzlich Anweisungen. »Jetzt denkt er, ich bin
seine Sekretärin«, seufzte eine Klientin mal halb belustigt, halb
verärgert, als ihr Mann ihr – ganz der alte Chef – Stift und Zettel
zum Notieren der Einkäufe hingelegt hatte.

Erstaunlicherweise können Menschen, die ihren Beruf moch-
ten und ein befriedigendes und erfolgreiches Arbeitsleben hatten, leichter in ihrer neuen Rolle als Privatmensch aufgehen. Ein
Grund dafür ist wohl, dass sie nicht das Gefühl haben, etwas
nachholen zu müssen. Wer dagegen mit seinem Job haderte oder
nicht freiwillig in den Ruhestand verabschiedet wurde, hat häufig das Gefühl, noch etwas zu Ende bringen zu müssen.

Schwierig wird es auch, wenn mit dem Ruhestand zu hohe oder falsche Erwartungen verbunden sind. Man hatte bestimmte Vorstellungen oder Pläne, die man verwirklichen wollte, und muss nun feststellen, dass daraus nichts wird. Wer wäre da nicht enttäuscht? Da plant man jahrelang bestimmte Aktivitäten (»wenn ich erst mal in Rente bin, werde ich …«), ohne miteinzukalkulieren, dass manches dann vielleicht nicht mehr so einfach, beziehungsweise gar nicht mehr möglich ist, weil zum Beispiel die eigene Gesundheit oder die des Partners es nicht zulässt. Oder weil einen alte Probleme einholen. Wer sie im Berufsalltag noch gut verdrängen konnte, wird sie in den Ruhestand mitnehmen. Wo sie allmählich oder schnell offensichtlich werden.

Anna, 72 Jahre, ist Indologin, arbeitete als Übersetzerin und ist seit sieben Jahren im Ruhestand:

»Ich hatte überhaupt keine Befürchtungen, dass es mir ohne Arbeit langweilig werden könnte, ich hatte auch vorher schon viel gemacht und war voller Tatendrang für all das, was ich nun tun wollte, beispielsweise ganz viel reisen. Heute ist aber vieles von dem, was ich mir damals vorgenommen hatte, weggebrochen. Weil sich mir immer die große Sinnfrage stellte. Das war das größte Problem. Bei vielen Dingen fragte ich mich am Ende: Was will ich eigentlich damit? Zum Beispiel mit einem weiteren Studium. Wozu soll das gut sein? Ich kann mir vorstellen, dass das auch damit zu tun hatte, dass ich mit mir selber zunehmend im Unreinen war und mir andere Dinge wichtiger erschienen. Wie etwa der Jakobsweg. Den habe ich angepackt und bin ihn in zwei Jahren langsam gegangen. Ich habe bestimmt die doppelte Zeit gebraucht, die andere brauchen. Aber ich habe ihn von Anfang bis Ende gemacht. Das war ein Herzenswunsch, ein Bedürfnis, ich wollte ihn schon immer gehen. Trotzdem war sogar da hinterher eine Leere da und ich fragte mich: Was sollte das Ganze?

Allerdings sind es wohl nicht die Dinge selber, es hat etwas mit mir zu tun. Ich glaube, dass die Probleme, die ich jetzt habe – vor allem meine gesund-

heitlichen – nicht neu sind. Aber dadurch, dass die Struktur des Arbeitslebens weggefallen ist, sind sie jetzt in den Vordergrund getreten. Wenn man
früher im Stress war, konnte man die Dinge gut beiseiteschieben. Im Ruhestand kann man nichts mehr wegdrücken. Da wird man einfach mehr mit sich
konfrontiert.«

In unserem Leben haben wir verschiedene Rollen: Mutter, Vater,
Opa, Oma, Freundin, Helfer, Problemlöserin – der Beruf aber ist
häufig die Hauptrolle, über die wir selbst und andere uns defi-
nieren. Wenn er nicht mehr da ist, fällt diese Rolle weg und an
ihrer Stelle ist erst einmal – nichts.

Wir lassen also mit unserem Ausscheiden aus dem Erwerbs-
leben nicht nur die Arbeit hinter uns, sondern auch einen wesentlichen Teil unserer Identität. Wer bin ich, wenn ich nicht
mehr morgens ins Geschäft gehe, nicht mehr unterrichte, in der
Praxis Patienten behandle? Wenn ich nicht mehr mit Kunden,
Vorgesetzten und Kollegen zu tun habe und dort meine Kennt-
nisse einbringen kann? Wenn die Arbeit nicht mehr wie bisher
meine Tage bestimmt? Fragen, für die es zunächst keine Antworten gibt. Die neue Identität will erst einmal gefunden werden.

Darin liegt aber auch eine große Chance: Sie haben nun die
Freiheit, das, was Sie vielleicht schon immer einmal tun wollten,
zu leben. Im Kapitel »Wer bin ich? Was will ich? Was kann ich?«
beschäftigen Sie sich intensiv damit, welche neue Rolle Sie spielen wollen. Oder welche alte Sie weiter ausbauen möchten, um
Ihre Lebenszeit so zu nutzen, dass Sie auch weiterhin zufrieden
und glücklich sind oder es werden. Mit zunehmendem Alter ist
unsere Lebenszeit eine immer kostbarere Währung. Und so, wie
Sie Ihr Geld nicht für Dinge ausgeben, die Ihnen nichts bringen,
so sollten Sie auch Ihre Lebenszeit nicht für Dinge verschwen-
den, die zu Ihrem Wohlbefinden nichts beitragen.

Eine Portion Realismus schadet nicht

Wie gut Sie in Ihre neue Rolle hineinfinden und wie glücklich Sie in ihr werden, hängt wesentlich davon ab, wie Sie an Ihren Ruhestand herangehen. Wenn Sie in Ihrem Berufsleben schon öfter die Rollen gewechselt und vielleicht immer mal wieder eine neue Stelle, Aufgabe oder Verantwortung übernommen haben und auch mit sich verändernden Arbeitsstrukturen im Großen und Ganzen gut zurechtgekommen sind, werden Sie wahrscheinlich auch mit dem Ruhestand klarkommen. Sie werden sich, nachdem Sie Ihre Situation eingeschätzt haben, passende Rollenangebote suchen, finden, ausprobieren und die, die es schließlich sein sollen, so in Ihr Leben integrieren, dass Sie sich mit ihnen wie der Fisch im Wasser fühlen.

Ihre Zufriedenheit mit der neuen Lebensphase wird aber auch von Ihren Erwartungen bestimmt. Enttäuschungen sind vorprogrammiert, wenn Sie …

… glauben, dass sich Lebensprobleme, die Sie bisher erfolgreich verdrängt haben, in Luft auflösen.

… finden, dass jeden Tag Sonntag zu haben und keinen Verpflichtungen nachzugehen, ein großartiger Lebensentwurf ist.

… davon ausgehen, dass sich Ihre Kontakte und Beziehungen zu den Kolleginnen und Kollegen, die noch im Berufsleben stehen, nicht verändern.

Dass Sie sich Ihren Ruhestand mit allen Chancen, die er Ihnen bietet, so positiv wie möglich vorstellen und ausmalen, ist richtig und wichtig, damit Sie ihn auch so erleben können. Aber in Ihre (realistischen) Wünsche und Ziele sollten Sie auch immer Ihre aktuelle Situation einbeziehen. Und flexibel mit Veränderungen umgehen, wenn sich abzeichnet, dass es aus gesundheitlichen, finanziellen oder familiären Gründen nicht so läuft, wie von Ihnen erhofft. Vielleicht müssen Sie sich ganz von ihnen verabschieden. Oder aber eine Strategie entwickeln, wie Sie sie unter neuen Vorzeichen realisieren können.

»Ich habe mich von Anfang an in meinem neuen Leben pudelwohl gefühlt«, sagt Klaus, 72, und seit 13 Jahren im Ruhestand. »Das sprichwörtliche Loch, in das einige Menschen nach ihrer Berufstätigkeit fallen, gab es für mich nicht. Ich war ja immer von vorn bis hinten getaktet, habe mein Privatleben komplett dem Beruf untergeordnet. Jetzt wollte ich endlich einmal wieder die Zeitung ganz genau und in Ruhe lesen und die Dinge auf mich zukommen lassen.«

Aber nicht jeder kann mit der neuen Freiheit so entspannt umgehen wie Klaus, der auch nach Jahren immer noch wie frisch verliebt in sie ist. Für viele folgt auf die rosaroten ersten Wochen des neuen Lebensabschnitts die Ernüchterung. Immer ausschlafen und lange frühstücken, kein drückender Terminplan und keine nervigen Kollegen mehr – worauf man sich so gefreut hatte und wovon man zu Beginn gar nicht genug bekommen konnte, nutzt sich ab. Man merkt, was man alles nicht mehr hat. Und was nun einfach zu viel da ist: Zeit und innere Leere. Die freie Zeit, die jetzt im Übermaß vorhanden ist, sinnvoll zu nutzen, kann schnell zu einer Belastung werden.

4 Platz für neue Inhalte

Wir Menschen sind Gewohnheitstiere. Wir brauchen Rituale und Strukturen, etwas, das unseren Tag verlässlich einteilt und an das wir uns halten können. Was, solange wir arbeiten, ganz automatisch gegeben ist. Im Urlaub durchbrechen wir den gewohnten Ablauf und finden es wunderbar, mal ganz anders zu leben. Und auch wenn dieser »Ausnahmezustand« einen großen Reiz auf uns ausübt: Nach einer Weile tut es auch wieder gut, zu einer bestimmten Zeit aufzustehen, ins Bad zu gehen, zu frühstücken, das Haus zu verlassen und wieder heimzukommen.

Im Ruhestand gibt es die Rückkehr zu den gewohnten Ritualen nicht mehr und die fehlende Struktur kann zu einem Gefühl von Kontrollverlust führen. Kontrollverlust wiederum ist häufig mit Angst verbunden. Und Angst bedeutet Stress. »Man muss total aufpassen, dass man nicht verlottert und sich nicht hängen lässt«, bringt es Susanne, eine Klientin, auf den Punkt, als sie von ihren Schwierigkeiten, mit dem Alltag umzugehen, berichtet.

Drei Monate vor seinem Ruhestand hat Johannes seinen neuen Zielort gefunden: ein Büro in einer Bürogemeinschaft, in die er sich eingemietet hat und wo er als Berater tätig ist. »Das Beste, was ich machen konnte«, sagt er heute zufrieden. »Ich habe morgens einen Grund aus dem Haus zu gehen, ich treffe Menschen, telefoniere mit Leuten. Manchmal nehme ich mir auch die Freiheit und gehe mal eine Stunde an der Elbe spazieren. Mittags gehe ich essen, sehe die anderen, die auch gerade Mittagspause machen. Und abends gehe ich fröhlich nach Hause. Wenn ich in der Rushhour mit den vielen anderen in die U-Bahn steige, denke ich: Ich komme auch von der Arbeit. Irgendwie gehöre ich noch dazu.«

Wohltuende Disziplin

Sich nach einer Zeit des Sich-treiben-Lassens wieder eine Struktur mit Inhalten, Aufgaben und Pflichten zu geben, ist eine Herausforderung, die man annehmen sollte. Denn Wohlbehagen und Energie entstehen immer aus dem Spannungsverhältnis von Verpflichtung und Freiheit. Gerade durch das Erledigen bestimmter Aufträge wächst die Zufriedenheit und kommt die Bestätigung, die wir zum Gesundbleiben und zum Erhalt unserer Lebensqualität brauchen.

Wenn Sie möchten, dass sich auch künftig Ihr Sonntag von Ihrem Dienstag unterscheidet, dann brauchen Sie wieder eine Struktur, aber jetzt mit Aufgaben, die Sie sich selber schaffen. Das Zeitempfinden ändert sich im Lauf unseres Lebens mehrfach erheblich. Kinder beispielsweise, deren Schultag bis in den Nachmittag dauert, haben das Gefühl, dass ihre Tage und die ihnen zur Verfügung stehende Zeit endlos lang sind. Vermutlich, weil sie ständig etwas Neues lernen und auch neue Erfahrungen machen und weil sie vieles zum ersten Mal erleben. Eine mit intensiven Erlebnissen gefüllte Zeit erweckt insbesondere im Nachhinein den Anschein, als wäre sie langsam vergangen. Auch wenn man wenig bis gar nichts macht, kommt es einem zunächst so vor, als würde die Zeit nur ganz langsam verstreichen. Im Nachhinein jedoch hat man das Gefühl, sie sei besonders schnell vergangen. Was daran liegt, dass sie ohne Struktur gleichförmig dahingeflossen ist und es deshalb auch keine Erinnerung an Inhalte oder Erlebnisse gibt.

Auch das Körperbewusstsein spielt beim Zeiterleben eine große Rolle. Wenn Sie schon einmal meditiert und dabei aufmerksam Ihren Körper beobachtet haben, wissen Sie, wie langsam die Zeit vergehen kann und wie intensiv man sie dabei erlebt. Und wie sie sofort erneut dahinrast, sobald man sich wieder dem Alltag zuwendet.

Um Ihr Zeiterleben zu verlangsamen, haben Sie mehrere Möglichkeiten: Sie können Ihr Körperbewusstsein und Ihre Achtsamkeit schulen. Sie können aber auch neue Inhalte finden und für so viele Erlebnisse und »erste Male« wie möglich sorgen. So kann sich viel im Gedächtnis einprägen und die Zeit kommt Ihnen länger vor. Auch sollten Sie sich eine feste Struktur schaffen, mit deren Hilfe Sie Ihre Aufgaben, Verabredungen, Projekte und Pausen so über Ihren Tag und Ihre Woche verteilen, dass Sie wieder ein Gefühl von Pflicht und Freizeit haben. »Ora et labora« eben, jenen wohltuenden Rhythmus aus Beten und Arbeiten, den einst die Benediktinermönche zu ihrem Motto machten. Mit Ihrer »labora«, die Sie aus dem Beruf kennen, hat die neue allerdings nichts zu tun, weil Sie jetzt in der komfortablen Situation sind, Ihre Inhalte weitestgehend selbst wählen zu können. Ganz ehrlich: Wann in Ihrem Leben war das schon einmal der Fall?

Dorothea, 72, hat viele Interessen:
»Ich war gern Lehrerin, aber jetzt frei zu sein und über viel mehr selbst bestimmen zu können, hat eine ungeheure Qualität. Daher bin ich ebenso gern Ruheständlerin. Im Moment sieht meine Woche so aus: Am Dienstag bin ich im Beratungszentrum, am Mittwoch arbeite ich mit ausländischen Schülern, denen ich bei schulischen Problemen helfe. Am Donnerstag kaufe ich ein und koche vor, denn am Freitag kommt eine ehemalige Kollegin, die ich jedes Mal mit einem anderen Menü überrasche. Neue Rezepte auszuprobieren ist eine meiner Leidenschaften. Also ist episches Kochen und Speisen angesagt. Wir feiern es jeden Freitag wie ein kleines Festmahl. Gespräche über Schule und Gott und die Welt gehören auch dazu. Samstag, Sonntag und Montag sind nicht fest verplant. Dort ist dann Zeit für Einladungen, Konzerte, Theaterbesuche und anderes mehr.«

Wieder in die Gänge kommen

Wenn Sie Schwierigkeiten damit haben, sich wieder an eine Struktur zu gewöhnen, kann Ihnen ein Aktionsplan helfen. Das ist eigentlich nichts anderes als der gute alte Stundenplan, den Sie noch aus der Schule kennen. Er ist ein wirkungsvolles Instrument, das Ihnen dabei hilft, wieder den wohltuenden Rhythmus von Anspannung und Entspannung zu erleben, weil Sie klar definierte Inhalte haben, sich an einer Tages- und Wocheneinteilung orientieren können und so Erfolgserlebnisse generieren, wenn Sie Dinge erledigt haben, die auf Ihrem Plan standen.

Drucken Sie sich einen Stundenplan aus dem Internet aus oder zeichnen Sie sich einen auf. Überlegen Sie, was Sie tun müssen und was Sie tun möchten. Ihr Aktionsplan kann zum Beispiel die folgenden Dinge beinhalten: den Haushalt organisieren, die Finanzen ordnen, planen, einkaufen, Mahlzeiten vorbereiten, Jobs oder Aufgaben recherchieren, die für Sie in Frage kommen. Oder auch Termine (Treffen, Arztbesuche, Veranstaltungen etc.), Verabredungen mit Freunden und Bekannten, Ihr Fitnessprogramm und das Kümmern um die Enkel. Planen Sie unbedingt auch ausreichend Phasen der Ruhe und Erholung ein – während des Tages, der Woche und natürlich am Wochenende.

Vielleicht probieren Sie es einfach mal aus, wie weit Ihnen eine solche Struktur hilft, sich wohler zu fühlen. Dabei können Sie auch erst einmal nur überlegen, wie ein Vormittag, den Sie als sinnvoll empfinden, aussehen sollte. Und wenn Ihnen die Methode gefällt, planen Sie einen ganzen Tag und dann die Woche. Bis Sie merken, dass Sie in Ihrer neuen Struktur angekommen sind und keinen schriftlichen Fahrplan durch den Tag mehr brauchen. Und wenn Sie später merken, dass Sie doch irgendwie dabei sind, den Überblick zu verlieren, haben Sie mit dem Aktionsplan ein einfaches und sehr wirksames Werkzeug zur Hand, ihn sich immer wieder neu zu verschaffen.

Tagträumen oder: Ihr idealer Tag

Natürlich entscheiden Sie selbst, welche Übungen Sie machen möchten. Diese aber sollten Sie tatsächlich nicht überspringen. Ich lade Sie nämlich jetzt zu einer Gedankenreise in Ihre Zukunft ein: Wie stellen Sie sich Ihre ersten Wochen im Ruhestand vor? Wie »flittern« Sie mit ihnen? Machen Sie vielleicht erst einmal eine lange Reise? Schlafen Sie jeden Tag aus? Frühstücken Sie üppig auf dem Balkon oder im Garten? Und tun den ganzen Tag nur das, worauf Sie gerade Lust haben?

Träumen Sie einfach mal vor sich hin und schreiben Sie Ihre Ideen und Wünsche dazu in Ihr Notizbuch. Und immer, wenn Ihnen noch etwas einfällt, was Sie tun könnten und bei dem schon der bloße Gedanke die Glückshormone durch Ihren Körper wirbeln lässt, ergänzen Sie es. Tagträumen ist eine wunderbare Methode, um Ihre aktuellen Bedürfnisse herauszufinden und zu stillen. Denn was Sie in Ihren Träumen tun und erleben und welche Bilder und Gefühle in Ihnen auftauchen, zeigt Ihnen, was Sie brauchen.

Sie können aber auch anders tagträumen. Dazu brauchen Sie eine halbe Stunde Zeit, einen ruhigen Ort und einen Stift. Bevor Sie beginnen, atmen Sie einige Male tief ein und aus. Gehen Sie nun die unten aufgelisteten Fragen nacheinander durch und lassen Sie sich genug Zeit zum Überlegen. Vergessen Sie nicht, auch jene Dinge in Ihrem idealen Tag zu beschreiben, die Sie schon heute haben und die auch in Ihrer Traum-Zukunft weiter vorkommen sollen. So könnte es zum Beispiel zu einem idealen Tag gehören, etwas mit Ihren Kindern oder Enkeln zu unternehmen. Oder irgendwo im Hörsaal in einer Vorlesung zu sitzen. Oder mit einem Segelboot im Mittelmeer zu cruisen. Oder mit einem Hund eine wunderbare Wanderung durch den Wald zu machen.

Schreiben Sie Ihre inneren Bilder auf oder sprechen Sie sie laut aus und lassen das Aufnahmegerät Ihres Handys mitlaufen. Sie können sie auch aufmalen oder eine Collage dazu kleben. Wenn Sie die letzte Frage beantwortet haben, spüren Sie noch einige Minuten Ihrer Zukunft nach und kommen Sie dann in die Gegenwart zurück.

Und jetzt geht's los:

Es ist früher Morgen, ich bin nun schon zehn Monate im Ruhestand. Ich wache auf …

Wo wache ich auf? …

Wie fühle ich mich? …

Wann stehe ich auf? …

Wie sehe ich aus? …

Was ziehe ich an? …

Wer ist noch da? …

Was und wann frühstücke ich? …

Wie geht es dann weiter? …

Was gibt es zum Mittagessen? …

Wo bin ich nachmittags? …

Was mache ich wo? …

Was mache ich abends? …

Wie fühle ich mich nach diesem Tag? …

Was ich noch gesehen habe: …

Kristina, 61, arbeitet in der Seelsorge und geht in zwei Jahren in Ruhestand:
»Mein idealer Tag im Ruhestand sieht so aus: Ich wache morgens gegen halb acht ohne Zeitdruck auf und gönne mir meine persönliche Andacht und ein ganz normales, schönes Frühstück mit Zeitunglesen. Ich habe um 11 Uhr eine Einzelsupervision von eineinhalb Stunden. Danach mache ich mir Notizen und bereite ein Mittagessen zu. Vielleicht isst mein Mann mit, vielleicht aber auch nicht. Und weil ich vormittags einen Termin hatte, habe ich nachmittags Zeit für die Dinge, die gerade anliegen. Die aber gut überlegt sein wollen. Ich kann die Zeit nämlich sehr gut mit Dingen wie Wäsche waschen, Saubermachen oder Einkaufen vertun. Und plötzlich ist der Tag rum und ich habe mich nicht gefragt, was ich eigentlich machen wollte. Ich möchte meine Zeit gut nutzen, habe aber gemerkt, dass das gar nicht so leicht ist. Wann nutze ich sie wirklich? Nutze ich sie, wenn ich im Garten auf der Bank sitze und mir meine schönen Blumen anschaue? Oder nutze ich sie, wenn ich ein Buch lese, das Haus aufräume oder Freunde einlade? Was ist genutzte Zeit? Das finde ich schwer zu sagen.«

Ob es die Tüte mit Altpapier oder Altglas ist, die man endlich zum Container bringt, das Aufräumen des Schreibtisches, wenn das Projekt beendet ist, oder ob man die Dinge weggibt, die sich schon lange wie Ballast anfühlen, weil sie einen an ein ungeliebtes Lebenskapitel erinnern – aufräumen und Dinge aussortieren kann erleichternd und befreiend sein, weil man Wesentliches von Unwesentlichem trennt. Es kann mitunter aber auch anstrengend sein und sogar wehtun. An dem, was vergessen im Keller oder auf dem Dachboden liegt, hängen immer noch unsere Gefühle und sobald wir es in die Hand nehmen, ansehen und uns erinnern, werden sie wieder lebendig und Teil unseres Lebens. Dennoch: Dort, wo Sie Platz schaffen, entsteht Raum für Neues. Üben Sie sich früh darin!

Michael, 63, wechselt zwei Jahre vor dem Ruhestand noch einmal die Stelle:
»Meine neue Aufgabe ist mit einem Umzug verbunden. In die neue Wohnung werden wir nicht mehr alles mitnehmen und meine Frau und ich durchforsten jetzt schon alle Möbel, Bücher und Sachen, die wir über Jahre gesammelt haben. Die Fragen: Was geben wir ab? Was werfen wir weg? bereiten mir schon ein wenig Bauchschmerzen. Das ist so eine erste Begegnung damit, wie sich Ruhestand oder Alter mit Einschränkungen und der Notwendigkeit, sich zu reduzieren, anfühlt. Das ist nicht einfach. Ich empfand es auch immer als doppelte Herausforderung, mit der Arbeit aufzuhören und gleichzeitig, nach so vielen Jahren, auch unsere Wohnung aufgeben zu müssen, die uns eine richtige Heimat geworden ist. Aber das ist nun einmal so. Und es war uns ja auch klar, dass wir im Pastorat nur so lange wohnen werden, wie ich hier meinen Dienst versehe. Ich hoffe daher, dass es eine Hilfe ist, jetzt schon damit zu beginnen, bestimmte Dinge auszusortieren und dann noch einige Zeit in meiner anderen Stelle zu arbeiten.«

Dass wir in unserem Leben ununterbrochen auf einem oft holprigen Weg voller Brüche, Abschiede und Neuanfänge unterwegs sind, müssen wir akzeptieren. Mit dem offiziellen Ausscheiden aus dem Berufsleben geht eine lange Wegstrecke zu Ende – mit dem Eintritt in die neue Lebensphase beginnt ein neuer Wegabschnitt.

Natürlich ist es nach so vielen Arbeitsjahren schwierig, Dinge wegzugeben, die die berufliche Lebensphase dokumentieren. Vor allem dann, wenn das Vertraute eine Art Halt in einer Zeit des Umbruchs bietet. Wenn Sie merken, dass Sie diesen Halt brauchen, dann ist eine Aufräumaktion – zumindest zum jetzigen Zeitpunkt – nicht sinnvoll. Behalten Sie dann lieber ein paar wenige Dinge quasi als Symbole für das Ganze und löschen Sie nicht alles gleichzeitig aus.

Wenn Sie aber merken, dass es Ihnen guttun würde, sich von einigen alten Dingen, die jetzt nur noch Fläche blockieren und auch Ihre Energie binden, zu trennen: Gehen Sie es an. Leichter wird es, wenn Sie wissen, was den entstehenden Platz einmal ausfüllen wird. Oder wenn Sie wie Michael einen Umzug vor sich haben und sowieso reduzieren müssen, weil nicht mehr alles in die neue Wohnung passt.

Stück für Stück

Gehen Sie mit Ihrem Partner durch alle Zimmer Ihrer Wohnung und überlegen Sie, in welchen Bereichen Sie für den neuen Lebensabschnitt Platz machen möchten. An das, was weichen muss, kleben Sie ein Post-it. Alles, was Sie markiert haben, kommt in eine große Kiste. Entweder Sie verkaufen es in Internetportalen oder auf dem Flohmarkt oder es kommt zum Wertstoffhof.

Was Ihnen schwerfällt wegzugeben, legen Sie in eine Kiste, auf die Sie ein Schild mit einem großen »?« kleben und die in den Keller oder auf den Speicher kommt. Schauen Sie in einem Jahr wieder in diese Kiste, aber fragen Sie sich vorher, was da eigentlich drin ist. Wenn Sie es nicht mehr wissen, dann haben Sie es auch nicht vermisst. Und Sie können auch diese Dinge abgeben.

Was Sie über zwei Jahre nicht mehr in der Hand hatten, werden Sie auch in Zukunft aller Wahrscheinlichkeit nach nicht mehr brauchen. Nach dieser Methode können Sie Ihren gesamten Kleiderschrank, Ihre Bücherregale und »Sammelecken«, Ihren Keller und Dachboden durchforsten. Welcher Zeitschriftenstapel kann jetzt doch endlich weg? Und welche Bücher lesen Sie garantiert nicht mehr?

Wenn Sie etwas zwar gut loslassen könnten, aber gleichzeitig auch zu schade zum Weggeben finden – fotografieren Sie es. Das Foto archivieren Sie auf Ihrem Computer in einer Datei »Räumen und Loslassen« und dann verschenken Sie den Gegenstand. Wenn Sie jemals das Gefühl haben, dass Sie ihn doch noch einmal ansehen möchten, können Sie einfach das Foto öffnen.

eBay & Co

Warum nicht noch ein wenig Geld mit den alten und noch so guten Dingen verdienen? Was Sie nicht mehr brauchen und was noch gut erhalten ist, können Sie bei eBay oder in den eBay-Kleinanzeigen und anderen Auktionsportalen ins Internet stellen. Das kostet zwar ein wenig Zeit, aber Sie verwandeln Ihre Kostbarkeiten in klingende Münze und machen einem anderen eine Freude, der genau das gesucht hat, was Sie nicht mehr benötigen. Bücher können Sie in Internetantiquariaten wie www.Momox.de oder www.blidad.de verkaufen. Oder ins Antiquariat bringen.

»Ich nehme mir vor ...«

Wenn Sie die Idee des Aufräumens gut finden, aber sich nicht aufraffen können anzufangen, nehmen Sie sie in Ihren Aktionsplan auf. Wenn das noch nicht reicht, gehen Sie eine Verpflichtung mit sich ein. Die könnte so aussehen:

»Ich nehme mir vor, bis zum 30. Juni aufzuräumen. Ich fange am 5. an, plane täglich zwei Stunden Zeit ein und widme mich wöchentlich einem der folgenden Bereiche:

1. Arbeitszimmer (Schreibtisch, Buchregale, Schubladen)
2. Keller (die Aktenkiste im Hobbykeller und alte Unterlagen)
3. Garage (die Gerümpel- und Werkzeugecke)

Als Belohnung für jede Aufräumeinheit werde ich mir ein tolles Essen bei Luigi gönnen.«

Noch ein Tipp: Überstürzen Sie nichts, lassen Sie sich Zeit. Räumen Sie täglich nur so viel auf, wie Sie möchten und auch vertragen. Und wenn es Ihnen hilft, feiern Sie ein Ritual, indem Sie das Alte mit Würde verabschieden – ihm persönlich für seine Dienste danken, es nochmals in die Hand nehmen und dann ganz bewusst loslassen und wegstellen – und den neuen Perspektiven auf dem frei gewordenen Raum feierlich ihren Platz bereiten.

KAPITEL 2

Die beste Investition in Ihre Zukunft: Fordern Sie Ihr Gehirn!

Sie sind Ihr Gehirn. Ihre gesamte Persönlichkeit ist in den rund 100 Milliarden Nervenzellen und über 60 Billionen Synapsen Ihres Oberstübchens verschaltet. Und Ihr Gehirn will keinen Ruhestand. Im Gegenteil, es will lebenslang lernen, Aufgaben bewältigen und an seinen Herausforderungen wachsen. In diesem Kapitel blicken wir auf die faszinierenden Erkenntnisse der Gehirnforschung und wie Sie diese frei von früherem Druck für sich (neu) entdecken und nutzen können.

Es war ein schwarzes, mächtiges Klavier mit Messing-Kerzenhaltern und gedrechselten Verzierungen, das eines Tages von schwitzenden Männern in das Wohnzimmer meiner Großeltern getragen wurde. Ich war vielleicht sieben Jahre alt und schaute neugierig zu, wie die Männer den imposanten Kasten behutsam absetzten und an die Wand schoben. Als meine Oma wenig später zum ersten Mal nach fast 50 Jahren ihre Finger auf die Tasten legte, hatte sie feuchte Augen. Es klang verschwommen und hallte, manche der gelblichen Tasten klemmten. Aber meine Oma war überglücklich.

Von nun an saß sie immer, wenn sie Zeit hatte, an ihrem Klavier. Sie kaufte sich Noten, der Notenstapel wuchs und allmählich wurden aus einzelnen Tönen Melodien. Oft kamen die Akkorde der linken Hand ein wenig nach der der rechten Hand. Aber sie kamen. Und irgendwann spielte Oma vom Abendsegen in Humperdincks Hänsel und Gretel bis zum traurigen Lied des Wolgasoldaten alle Musikstücke, die sie liebte.

Es blieb nicht beim schwarzen Salon-Piano mit der klemmenden Tastatur. Bald schon zog ein modernes Klavier bei meinen Großeltern ein und Oma begleitete darauf meine ersten Piepstöne auf der Flöte. Zu Weihnachten stellten wir uns im Halbkreis hinter sie und sangen in holprigem Takt ›O du Fröhliche‹ und ›Süßer die Glocken nie klingen‹. Und meine Oma war selig.

Warum ich Ihnen von meiner Oma erzähle? Aus drei Gründen:

Erstens, weil sie sich ihren Traum, Klavier zu spielen, nach vielen Jahrzehnten erfüllt hat. Und dabei ganz von vorn anfing. Zwar hatte sie als Kind in Ostpreußen ein Jahr Unterricht. Aber wer selbst Klavier spielt oder anderweitig Musik macht, weiß, wie wenig Zeit dies für das Erlernen eines Instruments ist.

Zweitens hat sich meine Oma alles, was sie später konnte, selbst beigebracht. Auch das Notenlesen. Sie hat nie mehr eine Klavierstunde genommen. Und bis heute ist es für mich schleierhaft, wie ihr das gelang – vor allem das Spielen des Bassschlüssels mit der linken Hand.

Drittens hat sie sich mit dem Klavierspiel eine beständige Quelle der Freude geschaffen. Die sogar auch dann noch sprudelte, als sie viele Jahre später wegen Arthrose in ihren Fingern selbst nicht mehr spielen konnte. Sie hatte nämlich dafür gesorgt, dass auch ich Klavierunterricht bekam. Und wenn ich ihr auf ihrem geliebten Musikinstrument ihre Lieblingsmelodien vorspielte, schloss sie die Augen und genoss jeden Ton.

1 Was Hänschen nicht lernt, lernt Hans später

Das Sprichwort »Was Hänschen nicht lernt, lernt Hans nimmermehr« habe ich schon als Kind nicht recht verstanden, sah ich doch bei Oma, dass man sogar als richtig alter »Hans« – was meine Oma aus meiner Kinderperspektive zweifellos war – noch lernen konnte Klavier zu spielen. Nicht nur als ein »Hänschen«, wie ich es war.

Tatsächlich hat die Hirnforschung inzwischen eindrucksvoll bewiesen, dass wir unsere Fähigkeiten lebenslang ausbilden und immer wieder Neues lernen können. Was uns umso leichter fällt, je größer die Freude und Hingabe ist, mit der wir uns einer Sache widmen. Und genau das ist es auch, was unseren Geist und Körper bis ins hohe Alter fit hält. Mit Fug und Recht können wir daher heute sagen: »Was Hänschen nicht lernt, lernt Hans einfach später.«

Unser Gehirn formt sich lebenslang

Bis in die 70er Jahre des letzten Jahrhunderts waren Wissenschaftler davon überzeugt, dass sich unser Gehirn bis zum 25. Lebensjahr zu seiner endgültigen Form und Größe entwickelt und danach keine neuen Nervenzellen mehr wachsen. Ja, dass es dann sogar schon wieder an Substanz verliert. Eine Vorstellung, die einen durchaus ein wenig nervös machen konnte. In so jungen Jahren baut unser Gehirn schon ab?

Mit der Erfindung der bildgebenden Verfahren von Computer- und Kernspintomografie machten Forscher aber die alles umwälzende Entdeckung, dass unser Denkorgan alles andere als ein starres, unveränderliches Gebilde ist. Sondern ganz im Gegenteil in jedem Alter äußerst flexibel auf die vielfältigen Anforderungen unseres Alltags reagiert, indem es sich ihnen ständig anpasst. Dafür legt es lebenslang neue Verschaltungen zwischen den Nervenzellen, den Neuronen, an, so dass immer, wenn sich unser Gehirn intensiv mit einer ungewohnten Aufgabe beschäftigt, frische Verbindungen zwischen ihnen entstehen, die sogenannten Synapsen. Über sie kommunizieren die Neuronen miteinander, indem sie Reize und Informationen übermitteln. Außerdem werden bereits vorhandene Synapsen gestärkt und in bestimmten Bereichen bilden sich sogar neue Nervenzellen.

Dass in unserem Oberstübchen immer wieder etwas neu verschaltet wird, merken wir, wenn wir zusätzliche Erkenntnisse über Dinge, Situationen und Menschen gewinnen, kurz: wenn wir etwas lernen. Legendär in diesem Zusammenhang ist eine Studie, die britische Wissenschaftler mit Londoner Taxifahrerinnen und -fahrern durchführten. Wenn sie nach drei bis vier Jahren ihre Taxilizenz in den Händen halten, haben sie eine weltweit einzigartige Ausbildung absolviert, bei der sie rund 25 000 Straßennamen und 20 000 Londoner Sehenswürdigkeiten auswendig lernen mussten. Eine unglaubliche Herausforderung für das Gedächtnis und den Orientierungssinn. Ein Navi ist dann völlig überflüssig, denn der Stadtplan ist im Kopf abgebildet und jeder Taxifahrer kann ihn vor dem inneren Auge so heranzoomen, dass er auch das kleinste Gässchen darauf deutlich sieht. Oder die gesamte Route im Blick hat, indem er die Vogelperspektive einnimmt.

Anhand von Vorher-Nachher-Gehirnscans fanden die Forscher heraus, dass bei den Taxifahrern, die die Ausbildung erfolgreich abgeschlossen hatten, durch das intensive Büffeln der Straßenmuster die graue Substanz in jenem Hirnareal gewachsen war, das als der Sitz von Gedächtnis, Lernen, Erinnerung und räumlicher Orientierung gilt. Der sogenannte »Hippocampus« hatte bei den Taxifahrern die innere Karte von London aufgebaut, zusammengeführt und koordiniert. Jetzt aktualisierte er sie ständig.

Ein Seepferdchen im Gehirn

Der Hippocampus ist ein Bereich, der etwa in Augenhöhe tief im Inneren des Gehirns, dem Mittelhirn, sitzt. Er heißt so, weil seine Form an ein Seepferdchen, lateinisch: Hippocampus erinnert. Der Hippocampus ist unser Gedächtniszentrum. Ohne ihn könnten wir keine neuen Erfahrungen speichern.

Zum Lernen ist es nie zu spät

Dass man zum Lernen nie zu alt ist, hat die Thailänderin Kimlun Jinakul sich selbst und der Welt gezeigt. Mit 91 Jahren hat sie ihren Uni-Abschluss in Humanökologie gemacht und gilt damit als eine der ältesten Studentinnen weltweit. Manche Prüfung musste sie wiederholen, weil sie im ersten Anlauf durchgefallen war. Was ihren Entschluss, ihr Studium durchzuziehen, aber in keiner Weise beeinträchtigte. Ins Guinessbuch der Rekorde hat es Kim-lun Jinakul dennoch nicht geschafft. Denn dort steht bereits die Amerikanerin Nola Ochs, die 2007 mit 95 Jahren ihr Geschichtsstudium erfolgreich abschloss und anschließend noch ein Aufbaustudium machte, das sie drei Jahre später ebenfalls erfolgreich beendete.

Und auch Fernanda Pozo, die mit 94 Jahren ihr Uni-Diplom in den Händen hielt, hatte den Wunsch zu lernen nie aufgegeben. »Wenn man lernen will, gibt es keine Hindernisse«, sagte die Spanierin, die kurz vor ihrem Studienabschluss 1949 die Universität verlassen hatte und ihn 75 Jahre nach Studienbeginn nachholte.

Use it or lose it

Für kein anderes Organ gilt dieses Motto mehr als für das Gehirn. Seine Leistungsfähigkeit lässt im Alter nach, ja, aber je mehr wir es fordern, umso länger können wir diesen Prozess hinauszögern und umso fitter bleibt es. In dieser Hinsicht gleichen unsere grauen Zellen einem Muskel, der bei Beanspruchung wächst und größer wird. Auch das Gehirn will beansprucht werden und darf ruhig mal aus der Puste kommen. Beim sonntäglichen Kreuzworträtsel oder Sudoku tut es das nicht. Schon gar nicht, wenn Sie sich regelmäßig damit beschäftigen und Routine darin haben. Dennoch sind Kreuzworträtsel, Sudokus und Gehirnjogging ein idealer Einstieg in die Aktivierung Ihres Gehirns, wenn Sie ihm in der Vergangenheit nur selten Nüsse zum Knacken gegeben haben. Für »Fortgeschrittene« allerdings sind komplexe Übungen und Hobbys, bei denen sich das Gehirn mit Aufgaben auseinandersetzen muss, die ihm nicht vertraut sind, viel besser: beim Kochen immer wieder etwas Neues mit verschiedenen Garzeiten ausprobieren, die verzwickten französischen Verben pauken, der Gitarrenunterricht oder auch der Schauspielkurs, bei dem Sie Texte auswendig lernen und mit Ausdruck und Gestik in Einklang bringen müssen. Oder wenn Sie sich beim nächsten Städtetrip einfach nur mit dem Stadtplan von Ort zu Ort bewegen und das Navigationsgerät im Handschuhfach bleibt. Richtig auf Touren bringen Sie Ihre grauen Zellen, wenn Sie den Ausschnitt des Stadtplans, den Sie brauchen, auswendig lernen und in Ihrem Gedächtnis abspeichern.

Übrigens: Ihr Gehirn hat eine Eigenart, die Sie sich im Ruhestand wunderbar zunutze machen können: Es merkt sich vor allem, was Sie interessiert. Jetzt, wo Zeit für all das da ist, was Sie schon immer spannend fanden, können Sie das Angenehme ganz bequem mit dem Nützlichen verbinden.

Ein wenig Akrobatik gefällig?

Faszinierend, wozu unser Gehirn – wenn wir es trainieren – in der Lage ist, oder? Forscher der Universitäten Regensburg und Jena ließen 24 Frauen und 20 Männer zwischen 50 und 67 Jahren drei Monate lang das Jonglieren üben. Tatsächlich lernte jeder der Teilnehmer, drei Bälle in der Luft zu halten. Verglichen mit Jüngeren brauchten sie dafür zwar etwas länger, aber allein das Ergebnis zählte. (Ich hatte schon vor einigen Jahren so viel Tolles über Jonglieren gelesen, dass ich es endlich auch lernen wollte. Also besorgte ich mir Bälle, sah mir Videos auf Youtube an und legte los. Es dauerte bestimmt zwei Wochen, in denen ich täglich ungefähr zwanzig Minuten übte, bis drei Bälle artig in der Luft blieben. Herrje, war ich stolz!)

Das Interessanteste dabei: Im Verlauf der Studie verglichen die Forscher die Gehirne der Jongleure im Kernspintomografen mit denen einer untrainierten Kontrollgruppe im selben Alter. Und stellten verblüfft fest: Die Akrobatik hatte bei den Teilnehmern deutliche Spuren hinterlassen. Schon nach einer Woche gab es eine beidseitige Vergrößerung in der linken hinteren Furche zwischen oberem und unterem Seitenläppchen, einem Hirnbereich, der die Bewegung von Objekten im Raum registriert. Gleichzeitig wird beim Spiel das Glückshormon Dopamin ausgestoßen, man freut sich, staunt über die eigenen Fähigkeiten, wird noch konzentrierter, selbstbewusster und immer sicherer. Damit steigt das Wohlbefinden. Durch die Zunahme an Gehirnmasse wird man also nicht nur klüger – man wird auch entspannter, weil sich die Stresshormone durch das Spielen mit den Bällen in Bewegungsenergie verwandeln und man Spaß hat und lacht. Unter diesen Umständen lernt es sich leichter und der Stress bleibt außen vor.

Nach drei Monaten, in denen die Teilnehmer der Jonglierstudie keine Bälle mehr hochgeworfen hatten, hatten sich die grauen Zellen zwar teilweise wieder zurückgebildet, aber nicht auf das Level, auf dem sie vor dem Training waren. Das motivierende Fazit der Studie: Können ist keine Frage des Alters, sondern eine Frage der Nutzung des Gehirns. Und das lässt sich auch dann noch auf höchstem Niveau beanspruchen, wenn die Gehirnmasse sukzessive abnimmt.

Wie bereits erwähnt, verlieren wir ab dem 20. Lebensjahr etwa 50 000 bis 100 000 Nervenzellen täglich, zwischen dem 30. und dem 90. Lebensjahr reduziert sich unsere Hirnrinde, der »Cortex«, um ungefähr 15 Prozent. Auch der Hippocampus, unser Gedächtnis- und Lernzentrum, büßt jährlich bis zu zwei Prozent seines Volumens ein. Dass im Laufe unseres Lebens unsere grauen Zellen abgebaut werden und sich die Zellfortsätze zurückbilden, ist ein Vorgang, den wir im Alltag viele Jahre gar nicht wahrnehmen, da andere Gehirnzellen die Fähigkeiten der abgestorbenen Zellen einfach mitübernehmen. Und man ja auch nicht täglich einen Gehirnleistungstest macht. Irgendwann merken wir es dann aber doch: Die Informationsverarbeitung in unserem Oberstübchen ist langsamer geworden. Doch weil der Zugriff auf früher Gelerntes prima funktioniert, bedient sich unser Gehirn beim Lernen einer cleveren Strategie: Es fügt dem schon vorhandenen Wissen lediglich die neuen Bausteine hinzu, die es braucht. Was nicht nur sehr geschickt, sondern auch hochgradig effizient ist.

Wollen Sie es vielleicht auch einmal mit Jonglieren versuchen? Erwiesenermaßen erreichen Sie damit, dass …

… Ihr Gehirn 30 Prozent mehr als sonst arbeitet

… Sie lernen, Kompliziertes zu vereinfachen

… Sie auch andere Bewegungsabläufe leichter lernen

… Sie Ihre Kondition steigern

… Sie Ihr logisches Denken und Ihre Fantasie, Ihre Geschicklichkeit und Konzentration fördern

… Sie Ordnung in ein Wirrwarr bringen

… Sie Präzision lernen

… Sie Ihre Erlebniskraft fördern, weil Sie die Sinne Sehen, Hören und Fühlen anregen

… Sie Ihre Fähigkeit unterstützen, Gelerntes auch auf andere Bereiche zu übertragen

… Sie sich dabei unterstützen, Blockaden zu überwinden

… Sie Ihre Fähigkeit steigern, geistige, körperliche und emotionale Herausforderungen zu meistern

… Sie Ihr Selbstbewusstsein vergrößern

… Sie sich Erfolgserlebnisse verschaffen

… Sie Spaß haben und die Glückshormone durch den Körper strömen lassen

… Sie meditieren, weil Sie ganz in der Gegenwart sind und auf spielerische Weise Körper, Seele und Geist vereinen

… Sie Geduld mit sich und anderen üben

… Sie Ihren Kreislauf anregen: Drei Minuten Jonglieren machen munterer als eine Tasse Kaffee

… Sie negativen Stress abbauen und sich ideal entspannen

… Sie Ihre Disziplin und Frustrationstoleranz fördern

… Sie auf kleinstem Raum etwas für Ihre körperliche und geistige Fitness tun

Je älter desto weiser

Forscher haben herausgefunden, dass die Fähigkeit, sich auf eine Aufgabe zu konzentrieren und Ablenkendes auszublenden, im Alter zunimmt. Ältere graue Zellen brauchen im Vergleich zu jüngeren auch weniger Blut und Sauerstoff, um optimal arbeiten zu können. Und sie können dabei sogar komplexer denken als junge. Während Jüngere eine Aufgabe eher Schritt für Schritt lösen, finden Ältere eine gute Lösung, indem sie sie zu bewährten Lösungen in der Erinnerung in Bezug setzen und auf die neue Situation übertragen. Darüber hinaus kann man in fortgeschrittenem Alter viel besser Prioritäten setzen, weil man sich von Unwichtigem nicht mehr so leicht aus der Ruhe bringen lässt.

Altersforscher verwenden neben dem biologischen und dem gefühlten Alter inzwischen auch den Begriff des »Erfahrungsalters«. Mit ihm bringen sie zum Ausdruck, dass all das Wissen, das man im Laufe des Lebens angesammelt, und all die Erfahrungen, die man gemacht hat, angemessen gewürdigt werden müssen. Vor allem das Erfahrungsalter ermöglicht es Älteren, sich besser in andere Menschen hineinzuversetzen, ihre Beweggründe zu verstehen und dennoch die eigenen Gefühle nicht außer Acht zu lassen. Was dabei hilft, sich gut abgrenzen zu können und nicht von den Sorgen und Nöten anderer vereinnahmt zu werden. Eine Fähigkeit, die auch als »emotionale Weisheit« bezeichnet wird.

»Wie?« und »Wozu?«

Wie ein Schwamm saugen wir als Kinder die Welt um uns herum auf, alles landet mehr oder weniger ungefiltert in unserem Erfahrungs- und Wissensspeicher. Als Erwachsene haben wir diese dann so weit angefüllt, dass wir uns bei den Herausforderungen im Alltag aus einem riesigen Vorrat bedienen können: Statt etwas Neues zu lernen, greifen wir auf Erfahrungen zurück, um eine Situation zu bewältigen. In den Speicher kommt – allein schon aus Platzmangel – nur noch das hinein, was wir auch wirklich brauchen. Und das prüfen wir vorher genau auf seine Nützlichkeit: Wie hilft uns das Neue? Wodurch bringt es uns voran? Inwieweit ist es eine Verbesserung für uns? Wenn das nicht klar erkennbar ist, werden wir uns auch nicht aus unserer bewährten Wissens-Komfortzone, die ja bisher bestens ausreichte, herausbewegen und die Anstrengung des Lernens auf uns nehmen. Das machen wir nur, wenn wir ein wirklich starkes und inspirierendes Ziel damit verbinden.

Wenn Sie zum Beispiel vorhaben, als Senior-Expert ins Ausland zu gehen, kann Sie das so motivieren, dass Sie Ihre Englisch- oder Französischkenntnisse, die vielleicht schon lange brachliegen, wieder auffrischen. Um mit den Menschen besser sprechen zu können. Wenn Sie gern in einem Orchester mitspielen möchten, dann nehmen Sie vielleicht nach Jahrzehnten wieder Unterricht und üben täglich, um Ihre Technik zu verbessern. Wenn Sie Ihren Enkeln bei den Hausaufgaben helfen wollen, dann werden Sie sich wieder in Textaufgaben und Dreisatz reinfuchsen.

Je erfahrener unser Gehirn ist, desto mehr verlangt es nach einer überzeugenden Antwort auf die Frage »Wozu ist das gut?«. Fehlt die, fließen auch nicht die Motivationshormone Dopamin, Serotonin und Noradrenalin durch unseren Körper. Die aber brauchen wir dringend, um in neue Erfahrungswelten aufzubrechen.

Claudia, 50 Jahre, arbeitet als Physiotherapeutin:

»Für mich ist das Wichtigste in meinen Ruhestand, dass ich weiter gebraucht werde. Ich kann mir nicht vorstellen, nur für mich selbst da zu sein, mich nur noch um mich zu kümmern. Ich möchte – wie jetzt auch – eine regelmäßige Aufgabe haben und für andere eine Bedeutung haben. Nicht mehr in dieser Dichte, dem Stress und dem Termindruck, den ich jetzt manchmal bei meiner Arbeit erlebe. Doch mit mehr Zeit und Luft weiter als Physiotherapeutin zu arbeiten, das kann ich mir gut vorstellen. Genauso wie in einem Hospiz zu arbeiten. Dafür würde ich auch gern noch eine Ausbildung machen. Lernen bedeutet für mich inzwischen Luxus und nicht Last, ich finde es – vor allem wenn es gut gemachte Weiterbildungen sind – spannend und bereichernd. Wenn es Bereiche gibt, die mich interessieren und in denen ich einen Sinn sehe, dann werde ich die in meinem Ruhestand angehen.«

Auch »alte« Meister fallen nicht vom Himmel

Es gibt ein offenes Geheimnis, wenn man etwas wirklich können will: Man muss es tausende Male üben. Selbst mit dem größten Talent kommt man – wenn man nicht trainiert – irgendwann an seine Grenzen. Ständige Wiederholung ist eine Grundbedingung dafür, dass sich Wissen und Fähigkeiten im Langzeitgedächtnis verankern und für die Bewältigung verschiedenster neuer Herausforderungen zur Verfügung stehen. Was als Erfahrung einmal im Langzeitgedächtnis ist, geht in aller Regel und unter der Voraussetzung, dass Sie gesund bleiben, bis zum Lebensende nicht mehr verloren. Je später Sie in Ihrem Leben etwas Neues beginnen – egal ob es sich um Englischvokabeln, einen Tennisaufschlag oder eine Mozartsonate handelt –, umso häufiger müssen Sie es wiederholen. Ihr Gehirn muss schließlich erst einmal dort neue Verdrahtungen aufbauen, wo vorher noch nichts war. Und das schafft es nur, wenn Sie ihm immer wieder zeigen, was

Sie lernen wollen. Mit jedem Mal wird die Gedächtnisspur dann stabiler und das Wissen leichter abrufbar, und irgendwann feuern die Neuronen die benötigten Informationen so schnell, dass aus einem »geht gar nicht« ein »geht doch!« geworden ist.

Üben, üben, üben

Durchschnittlich hat ein erwachsener Golfanfänger schon nach zehn Übungsstunden und etwa 300 Golfschlägen ein passables Spielniveau erreicht. Will er sich dann aber deutlich weiter verbessern, muss er viel trainieren, wie Wissenschaftler des Instituts für Leistungspsychologie an der Deutschen Sporthochschule Köln herausgefunden haben.

Neue Bewegungen zu lernen ist also gar nicht so schwer. Wirklich gut zu werden dagegen schon. Der Fußballtrainer Felix Magath, der für seine intensiven Konditionstrainings bekannt war, prägte dafür den Spruch »Qualität kommt von Qual«. Allerdings gilt: Auch wenn man als später Anfänger noch richtig gut werden kann – wirkliche Spitzenleistungen in Musik oder Sport sind leider nicht mehr zu erreichen. Was aber weniger daran liegt, dass Kopf oder Beine nicht mehr mitspielen. Sondern daran, dass man den Vorsprung derer, die schon als Kinder angefangen haben, nicht mehr aufholt.

Mens sana in corpore sano

Seit einiger Zeit beschäftigt Neuro- und Sportwissenschaftler sowie Psychologen die Frage, ob unser Gehirn vielleicht nur dann optimal arbeiten kann, wenn der Körper regelmäßig richtig ins Schwitzen kommt. Und ob unsere Psyche krank wird, wenn wir uns nicht ausreichend bewegen. Der Frage liegt eine Studie des Max-Planck-Instituts zugrunde. Ein halbes Jahr trainierten dort Menschen, die durchschnittlich 66 Jahre alt waren, drei Mal pro Woche eine Stunde lang auf Fahrradergometern. Vor und nach dem Training wurden ihre Fitness und auch ihre kognitiven Fähigkeiten getestet. Das erstaunliche Ergebnis: Alle Teilnehmer konnten hinterher besser und schneller denken als vorher. Körperliche Fitness scheint sich also tatsächlich auch auf die Gehirnleistungen auszuwirken.

Übrigens: Die älteste Wettkampfturnerin der Welt ist Johanna Quaas aus Halle. Mit ihren 92 Jahren lässt sie immer noch kein Turnfest aus und löst als »Turn-Oma« beim Publikum weltweit Begeisterung und Staunen aus. Wofür sie auch einen Eintrag ins Guinnessbuch der Rekorde bekam. Sehen Sie sich mal die Videos von ihr auf Youtube an, dann wissen Sie, warum. Da bleibt einem, wenn ich das so salopp sagen darf, doch die Spucke weg, oder?

Ihr Geheimnis? Sie habe keins, sagt sie. »Ich bin so fit geblieben, weil ich mich immer diszipliniert verhalten habe. Ich habe nie Diäten gemacht, ich habe mich aber auch nicht überfuttert und bin nicht zu dick geworden. Und auch durch meinen Beruf als Sportlehrerin bin ich immer in Bewegung geblieben.« So richtig mit dem Turnen hat sie nach einer sportlichen Kindheit und Jugend erst mit 56 Jahren wieder begonnen. Darüber hinaus geht sie zusätzlich zum Schwimmen und Radfahren auch mindestens zwei Mal in der Woche ins Fitnessstudio, um dort »altersgemäß Bauch, Beine, Po zu machen. Ich fange jetzt auch schon morgens im Bett mit meiner Bettgymnastik an, weil ich sonst einroste.« Klar, dass sie anstelle des Lifts die Stufen zu ihrer Wohnung benutzt – quasi on top zum Morgentraining.

Das können Sie sich für sich selbst nicht so recht vorstellen? Macht nichts. Es reicht schon, wenn Sie sich tagsüber ausreichend bewegen und abends 30 Minuten – gern auch mehr – flott um den Block gehen. Flott ist ein Tempo, bei dem Sie nicht rennen, aber doch so zügig gehen, als müssten Sie den Bus noch erwischen. Und auch wenn es statt der 30 nur 20 Minuten sind – Hauptsache, Sie machen es regelmäßig. Das hat einen deutlich größeren Effekt, als wenn Sie sich ab und zu eine Tour de Force abverlangen.

In puncto Bewegung gibt es kein Zuviel (außer natürlich, Sie setzen sich unter einen extremen Leistungsdruck und überfordern Ihren Körper). Eine über neun Jahre angelegte Studie ergab, dass das Gehirn von Gewohnheitsspaziergängern weitaus leistungsfähiger war als das von Menschen, die ihre Zeit überwiegend auf der Couch zubrachten. Da sollten Sie sich nicht mit homöopathischen Dosen begnügen.

Falls Sie unter Arthrose leiden oder ihr vorbeugen wollen: Laufen – egal ob auf Asphalt oder Waldboden –, Schwimmen und Radfahren sind die besten Mittel. Denn die Bewegung ernährt den Knorpel und schützt ihn dadurch vor Verschleiß.

Muskelkraft

Muskelkraft brauchen wir in jedem Alter, aber je älter wir werden, umso mehr Bedeutung bekommt sie. Zwischen 20 und 30 Jahren haben wir das Maximum an Muskelmasse erreicht, danach nimmt sie langsam ab (ab dem 50. Lebensjahr etwa ein Prozent pro Jahr). Aber dem kann und sollte man mit moderatem

Training entgegenwirken. Viele Studien belegen, dass man die Muskelkraft bis ins höchste Alter trainieren und auch als Hochbetagter noch enorme Leistungssteigerungen verzeichnen kann. Was sich wiederum positiv auf die Lebensqualität und Selbständigkeit auswirkt. »Es ist nie zu spät mit einem Training zu beginnen«, weiß auch die mit 92 Jahren älteste Wettkampfturnerin der Welt, Johanna Quaas. »Gerade das Muskeltraining ist wichtig, weil man alles viel besser übersteht: die Hauswirtschaft, das Spazierengehen, das Einkaufen. Das ganze Leben ist leichter zu ertragen, wenn man nicht so hin und her watscheln muss, sondern noch seinen Schritt gehen kann.«

Und – ganz wichtig: Von Ihrer Muskelkraft profitiert immer auch Ihr Gehirn. Australische Forscher haben in einer Studie mit Menschen zwischen 55 und 80 Jahren nachgewiesen, dass sich durch Krafttraining die kognitiven Fähigkeiten wesentlich verbesserten.

Reinhard, 67 Jahre, selbständiger Geschäftsführer einer Beratungsfirma:
»Wie ich mir das mit meinen Fähigkeiten später vorstelle? Nun, bei den Dubliners, dieser Folk Group aus Irland, gab es den Banjo-Spieler Barney McKenna. Der musste immer auf die Bühne getragen werden, weil er nicht mehr gut gehen konnte. Dann wurde er auf einen Stuhl gesetzt, man drückte ihm das Banjo in die Hand und ab da war er ein anderer Mensch. Der hat mit einer atemberaubenden Geschwindigkeit Banjo gespielt – man kann sich das gar nicht vorstellen. Und der war da über 70 Jahre alt! Das ist so mein Bild. Das, was ich noch gut kann, würde ich dann immer noch machen. Und da ich ja Gitarre spiele und regelmäßig Unterricht nehme – wer weiß? Vielleicht gebe ich ja dann noch mein Gitarrenkonzert?«

Rückblick

Auf Seite 21 habe ich Sie gefragt, wie Sie über das Älterwerden denken und welche Klischeebilder Sie im Kopf haben. Denken Sie immer noch so? Oder hat sich inzwischen etwas geändert? Wenn ja – was?

_____

_____

_____

2 Die Frage nach dem Sinn

Unser Gehirn ist ein unruhiger Geist, der ständig kreativ sein will, sich nach Anerkennung und Wertschätzung sehnt, ja geradezu danach giert. Der Ort im Gehirn, der uns danach lechzen lässt, ist ein Knubbel im Mittelhirn, den Wissenschaftler »Nucleus accumbens« nennen und in dem unser Belohnungssystem liegt. Dass die Nervenzellen dort arbeiten, merken Sie immer dann, wenn Sie, falls Sie Erdbeertorte mit Sahne lieben, sich nach einer Radtour auf ein Prachtexemplar davon in Ihrem Lieblingscafé freuen. Oder wenn Sie sich als Raucher nach der Flugreise endlich wieder die nächste Zigarette anstecken können. Dann fließt eine Welle der Entspannung und Erleichterung durch Ihren Körper und darum spielt das Belohnungszentrum auch bei Süchten eine zentrale Rolle.

Aufgabe des Nucleus accumbens ist es, das Hormon Dopamin auszuschütten. Damit wir, wenn wir eine Belohnung in Aussicht haben, in einen Zustand der Vorfreude geraten. Kommt die Belohnung dann tatsächlich – in Form eines freundlichen Blicks, eines Lobs oder eben auch eines Stücks Erdbeersahnetorte oder der Zigarette –, produziert unsere innere Chemiefabrik einen Glückscocktail aus sechs verschiedenen körpereigenen Drogen: Serotonin, Dopamin, Noradrenalin, Endorphin, Phenethylamin und Oxytocin. Während diese Glückshormone durch unseren Körper strömen, fühlen wir uns wunderbar entspannt, selbstbewusst, glücklich und rundum wohl. In solchen Momenten setzen wir uns neue Ziele und wollen diese voller Motivation auch angehen.

Doch nichts aktiviert unser Belohnungssystem so sehr, wie von anderen akzeptiert und anerkannt zu werden. So, wie Sie Ihren Hunger durch Essen stillen und sich danach angenehm satt fühlen, so fühlen Sie sich zufrieden und wohl, wenn Ihr Bedürfnis nach Anerkennung gestillt ist, wenn jemand Sie gut findet und Ihnen freundlich zulächelt. Was mit unserer Evolution zu tun hat. Unser Gehirn ist nämlich auf gute zwischenmenschliche Beziehungen programmiert.

Anerkennung hat immer auch etwas mit unserem Bedürfnis »gesehen zu werden« zu tun. Sie kennen das aus dem Arbeitsleben. Da geht es ja auch nicht nur darum, Geld zu verdienen. Es geht oder ging vor allem auch um Wertschätzung, darum, mit seiner Arbeit zum Ganzen beizutragen, oder auch um die kostbare Erfahrung, Teil des großen Ganzen zu sein. Dazu möchte ich Ihnen die folgende Geschichte erzählen.

Ein Wanderer kommt unterwegs an einem Steinbruch vorbei und geht hinein, um etwas über die Arbeit dort zu erfahren. Der erste Arbeiter, dem er begegnet, schlägt mürrisch auf einen großen Brocken ein. »Das sieht nicht gerade nach Lust an der Arbeit aus«, sagt der Wanderer.

»Lust?« Der Arbeiter sieht ihn verständnislos an. »Wie soll man denn auf so einen Stumpfsinn Lust haben? Den ganzen Tag haue ich aus diesen verdammten Brocken Steine. Immer und immer nur Steine.« Er holt zum neuen Schlag aus und der Wanderer sieht zu, dass er schnell weiterkommt.

Der Blick des nächsten Arbeiters, dem er begegnet, ruht gedankenverloren auf einem Felsstück. Schließlich hellt sich sein Gesicht auf, er setzt den Keil an, schlägt behutsam eine Ecke aus dem Stein und poliert ihn dann mit seinem Ärmel.

»Na, hier gibt es ja auch jemanden, dem seine Arbeit Spaß macht – auch wenn es nur Steineklopfen ist«, ruft der Wanderer erfreut.

»Steineklopfen?« Der Arbeiter sieht ihn entgeistert an. »Wie kommen Sie denn darauf? Ich helfe beim Bau einer Kathedrale!«

Immer geht es darum, dass wir auf die Frage »warum sollte ich das hier und jetzt tun?« eine gute und überzeugende Antwort haben. Haben wir sie gefunden, sehen wir einen Sinn in dem, womit wir uns beschäftigen. Wir fühlen uns am richtigen Ort und sind motiviert, auch schwierigere Zeiten durchzuhalten, uns zu engagieren, uns neue Ziele zu setzen und sie zu verfolgen. Das sah auch der Wiener Psychiater Viktor E. Frankl so. Er war überzeugt davon, dass der Mensch nicht in erster Linie nach Macht, Prestige, Besitz oder Geld strebt, sondern wesentlich »vor der Frage nach dem Sinn« steht. Ihn nicht erkennen zu können wird häufig als eine große Belastung empfunden, die Krisen, ja sogar Depressionen auslösen kann.

Anerkennung ist wichtig, wir brauchen sie, um uns wohlzufühlen. Wie viel Anerkennung haben Sie aus Ihrer Berufstätigkeit gezogen oder tun es noch?
Markieren Sie Ihre Antworten mit einem Kreuz auf der Skala von 1 »weniger wichtig« bis 5 »sehr wichtig«. Diese Übung hilft Ihnen einzuschätzen, in welchen Bereichen Sie auch künftig Wertschätzung brauchen, um sich wohlzufühlen.

Anerkennung für …

… meine berufliche Arbeit ist/war mir

0 _____ 1 _____ 2 _____ 3 _____ 4 _____ 5

weniger wichtig   sehr wichtig

... meine Intelligenz und Kreativität sind/waren mir

o ——— 1 ——— 2 ——— 3 ——— 4 ——— 5

weniger wichtig   sehr wichtig

... meine Werte und Überzeugungen sind/waren mir

o ——— 1 ——— 2 ——— 3 ——— 4 ——— 5

weniger wichtig   sehr wichtig

... mein Verhalten, zu einer besseren Welt beizutragen, ist/
war mir

o ——— 1 ——— 2 ——— 3 ——— 4 ——— 5

weniger wichtig   sehr wichtig

Wie wichtig ist Anerkennung für Sie?

Schauen Sie Ihre Antworten aus der vorhergehenden Übung an.
Wie oft haben Sie bei 4 oder sogar bei 5 Ihr Kreuz gemacht? Wenn
Sie sich bisher stark über Ihre Arbeit definiert und Ihre Zufrie-
denheit daraus bezogen haben, dann kann der abrupte Übergang
in den Ruhestand problematisch werden. All das, was bisher zu
Ihrem Wohlbefinden beigetragen hat – Wertschätzung, Gehalt,

Struktur, Aufstiegsmöglichkeiten, Prämien –, fällt plötzlich weg. Dann ist es sinnvoll, wenn Sie Ihr Arbeits-Ich nicht komplett hinter sich lassen, sondern sich wieder ein Betätigungsfeld suchen, in dem Sie diese Identität weiter leben können. Das könnte auch Ihr Hobby sein. Wenn Sie zum Beispiel handwerklich geschickt sind, gern renovieren und reparieren, können Sie Ihre Fähigkeiten in ein Online-Portal wie »www.ebay-kleinanzeigen« einstellen. Oder wenn Sie gern kreativ sind, basteln, nähen, malen oder stricken, könnte »www.dawanda.de« Sie begeistern, ein Internetportal, auf dem man selbstgefertigte Produkte kaufen und verkaufen kann. So sorgen Sie nicht nur für eine erfüllende Beschäftigung und Anerkennung, sondern bessern nebenbei auch Ihr Einkommen auf. Sie stricken, nähen und renovieren nicht, lieben es aber zu kochen? Warum dann nicht bei einem Caterer mitarbeiten? Oder einen Zettel ans Schwarze Brett im Supermarkt hängen, dass Sie für Feste und Partys kochen?

Sicher kennen Sie Menschen, die mit siebzig und darüber hinaus noch berufstätig sind. Die einen arbeiten im Rentenalter, weil sie voller Tatendrang sind und es sich gar nicht vorstellen können aufzuhören. Die anderen, weil das Geld sonst nicht reicht. Das ist für das subjektive Empfinden natürlich ein großer Unterschied, für das Gehirn, das einfach etwas zu tun haben möchte, ein ganz kleiner.

In der Rente Geld verdienen

Laut Statistischem Bundesamt ging in der Gruppe der 65- bis 74-Jährigen 2016 jeder Neunte einer Erwerbstätigkeit nach. Die Zahl der Menschen, die im Ruhestand arbeiten, ist von fünf Prozent im Jahr 2006 auf elf Prozent im Jahr 2016 gestiegen und hat sich damit mehr als verdoppelt.

Erwerbstätig ist jemand, der mindestens eine Stunde in der Woche einer bezahlten oder selbständigen Arbeit nachgeht oder in einem Unternehmen mithilft. Für mehr als ein Drittel der älteren Arbeitnehmer war ihre Tätigkeit die Hauptquelle des Lebensunterhalts. Von der Rente selbst lebte etwas mehr als die Hälfte. Und von den Einkünften ihrer Angehörigen oder von Einnahmen aus Vermietung oder Verpachtung lebten rund zwei Prozent.

Wer das gesetzliche Renteneintrittsalter erreicht hat und eine gesetzliche Rente bezieht, darf so viel dazuverdienen, wie er will. Die Beschäftigung muss auch nicht dem Rentenversicherungsträger gemeldet werden. Wer mehr als 450,– Euro im Monat hinzuverdient, ist allerdings sozialversicherungspflichtig und muss die zusätzlichen Einnahmen versteuern. Es sei denn, der Hinzuverdienst und die Altersrente übersteigen nicht den Grundfreibetrag.

Ein Hinzuverdienst bis 450,– Euro pro Monat ist steuerfrei, wenn er als sogenannter Minijob pauschal mit zwei Prozent vom Arbeitgeber versteuert wird.

Unter Selbständigen und Künstlern, die aus ihrer Kreativität schöpfen, und auch in Berufen, wo Erfahrung hoch geschätzt wird, stellt sich die Frage nach Ruhestand und neuen Inhalten oft gar nicht. Das gilt auch für Wildor Hollmann. Wenn der 93-jährige Professor für Sportmedizin an der Sporthochschule Köln in den Hörsaal kommt, platzt dieser immer aus allen Nähten: Die Studenten sitzen auf dem Boden und den Fensterbänken, um seine Vorlesung »Allgemeines akademisches Grundlagenwissen« zu hören. Und das, obwohl sie weder eine Prüfung machen müssen noch einen Schein dafür bekommen. Und Wildor Hollmann außerdem schon seit bald 30 Jahren emeritiert ist. Die Studenten kommen, weil sie sich für das interessieren, was ihnen der erfahrene Professor zu sagen hat. Und weil sie spüren, dass er sich wiederum für sie interessiert. Das ist auch der Grund, warum Wildor Hollmann überhaupt noch im Hörsaal steht: »Weil es mir riesige Freude macht, mit jungen Menschen zusammenzuarbeiten.«

Isa, 57 Jahre, ist selbständige Trainerin und Logotherapeutin:
»Dieses klassische In-Rente-Gehen – die Erwerbstätigkeit hört auf und ich kann mir überlegen, was ich dann machen will – wird es für mich nicht geben. Schon aus finanziellen Gründen nicht. Ich bin als Logotherapeutin und Trainerin selbständig, habe kaum in die Rentenkasse eingezahlt, und entsprechend gering wird meine Rente sein. Ich muss daher weiter Geld verdienen. Aber abgesehen von der wirtschaftlichen Situation möchte ich sowieso so lange wie möglich arbeiten. Ich bin immer wieder erstaunt, wenn ich Freunde oder Bekannte sagen höre: ›Ich bin so froh, jetzt habe ich nur noch zwei Jahre und dann gehe ich endlich in Rente. Dann kann ich endlich machen, was ich will.‹ Ich kann nachvollziehen, dass jemand erleichtert ist, mit seinem Job aufhören zu können, wenn er ihm nicht gefällt. Weil er dann endlich in der Lage ist, das zu machen, was er vielleicht schon immer machen wollte. Mir hingegen ist der Gedanke fremd. Ich bin schon da, wo ich immer hinwollte, die Logotherapie ist genau mein Ding und die Arbeit mit den Klienten gibt mir enorm viel. Ich werde sie so lange ausüben, wie ich kann. Wenn ich eine Vision hätte, dann würde ich Vorträge halten, zu denen ganz viele Leute kommen. Und bis zum Ende geistig aktiv dabei sein. Auf diese Weise würde ich ganz von selbst nicht so schnell abbauen.«

Vom »alten Eisen« zum »Tafelsilber«

Bis vor gar nicht so langer Zeit gehörte man in manchen Branchen schon mit 45 zum »alten Eisen« und sah sich mit dem Vorurteil konfrontiert, nicht mehr innovativ, produktiv, flexibel, vielleicht sogar lernunwillig zu sein. Als zu teuer galt man sowieso. Inzwischen erkennen Unternehmen zunehmend den Wert und das Potenzial erfahrener Mitarbeiter und integrieren sie als Senior Professionals oder als »Space Cowboys« – wie Daimler seine ehemaligen Fachkräfte nennt, die zurück in das Unternehmen geholt werden – in Arbeitsteams.

Dass sich die Einstellung älteren Mitarbeitern gegenüber verändert hat, liegt zu einem hohen Maß am demografischen Wandel. Die Veränderung der Altersstruktur in der Gesellschaft wirkt sich auf alle Lebensbereiche aus, auf den Arbeitsmarkt aber ganz besonders. Denn wir werden nicht nur immer älter, wir werden auch immer weniger. Angesichts dieser Entwicklung wird qualifizierte Arbeitskraft knapp. Als ältere Menschen, die arbeiten wollen und können, werden wir vom »alten Eisen« zum »Tafelsilber« geadelt und spielen zunehmend eine immer wichtigere Rolle auf dem Arbeitsmarkt. Denn unser enormes, über Jahrzehnte erworbenes Erfahrungs- und Fachwissen ist für ein Unternehmen unschätzbares Kapital. Wissenschaftler nennen es die »kristalline Intelligenz«, zu der auch Soft Skills wie Zuverlässigkeit, Pünktlichkeit, Gelassenheit, Genauigkeit sowie strategisches und logisches Denken gehören. Nicht zuletzt zeichnet man sich als älterer Mitarbeiter durch hohe Lösungsorientierung, Besonnenheit und ein ganzheitlicheres Verständnis der Arbeit aus. Man sieht die größeren Zusammenhänge besser, was sich – denken Sie an die Geschichte von den Steinmetzen – ganz entscheidend auf die Motivation und damit wieder auf die Arbeitsqualität auswirkt.

Von all diesen Qualitäten profitieren nicht nur die jüngeren

Kollegen – auch das Betriebsklima entwickelt sich durch gelassene, erfahrene Mitarbeiter, die nicht gleich überall eine Katastrophe sehen oder eine Verschwörung wittern, viel besser. Allerdings läuft die Zusammenarbeit zwischen erfahrenen Ruheständlern und Nachwuchskräften nicht immer glatt. Manche fühlen sich von Ehemaligen belehrt und bevormundet. Daher ist es umso wichtiger, dass sich beide Parteien als Team verstehen und auch die »alten Hasen«, den Jüngeren Respekt und Wertschätzung entgegenbringen. Nur wenn man sich auch als Routinier von einem jungen Kollegen etwas erklären lassen kann, ist der Ausgleich zwischen Geben und Nehmen gewährleistet. Die Voraussetzung dafür, dass eine konstruktive Arbeitsatmosphäre entsteht, bei der alle gewinnen.

Wenn Sie in Ihrem Unternehmen weiterarbeiten möchten

Ihr Beruf hat Ihnen Spaß gemacht und Sie würden ihn gern noch länger ausüben? Dann prüfen Sie frühzeitig die Möglichkeit, ob Sie mit einer bezahlten Tätigkeit an ihn anknüpfen können. Viele Firmen bieten bereits flexible Arbeitsmodelle für Ältere an oder holen Mitarbeiter als Senior-Experts für Projekte in die Firma zurück.

Ein Gespräch mit Ihrem Vorgesetzten über eine Weiterbeschäftigung sollten Sie gut vorbereiten. Bevor Sie ihn darauf ansprechen, überlegen Sie, welche Aufgaben und Rollen Sie in Ihrem Unternehmen hatten und welche Erfolge auf Ihr Konto gingen. In welchen Bereichen könnten Ihre Kompetenzen weiter gebraucht werden? Machen Sie Ihrem Chef dazu ganz konkrete Vorschläge.

Wenn Ihnen beispielsweise die Lohnbuchhaltung immer Spaß gemacht hat – vielleicht können Sie in Ihrer alten Firma eine

Urlaubs- oder Krankheitsvertretung machen? Oder Auszubildenden die Grundlagen erklären? Sie waren in der Presse- und Öffentlichkeitsarbeit beschäftigt? Vielleicht können Sie Ihren Nachfolger auf freiberuflicher Basis mit Ihren wertvollen Kontakten bei Projekten unterstützen? Oder Sie bringen Berufsanfängern das 1 x 1 der PR in Seminaren und Workshops bei. Und bilden sich auch selbst in diesem Bereich ständig weiter.

Welche Modelle könnten Sie Ihrem Vorgesetzen vorschlagen?

_____

_____

_____

Wenn es für Sie an Ihrer bisherigen Arbeitsstelle nicht weitergehen kann, dann schauen Sie sich auf dem Arbeitsmarkt um und halten Sie sich in Ihrem Fachbereich auf dem aktuellen Stand. Informieren Sie sich auf Kongressen und Messen über die neuesten Entwicklungen, lesen Sie die Fachmedien und besuchen Sie weiter Netzwerktreffen. Dort können Sie Ihre Geschäftsbeziehungen weiter pflegen, Visitenkarten tauschen und auch neue Kontakte knüpfen.

Sie müssen aus finanziellen Gründen weiterarbeiten, sind aber auch froh, dass Sie Ihren alten Job los sind? Dann sollten Sie nicht gleich die nächstbeste Arbeit annehmen, die Sie bekommen können, die aber überhaupt nichts mit Ihren Interessen zu tun hat. Mit Hilfe der Fragen im dritten Kapitel finden Sie heraus, welche Bereiche Ihnen Spaß machen und wo Sie Ihre Fähigkeiten einsetzen können – eine wichtige Voraussetzung, um sich initiativ, auf Stellenausschreibungen oder mit Unterstützung einer Agentur für entsprechende Tätigkeiten zu bewerben.

Sie können sich natürlich auch einen Nebenjob in einem Bereich suchen, der Sie interessiert. Einrichtungen wie die Agentur für Arbeit oder auch Volkshochschulen sind auf die Situation älterer Arbeitssuchender eingestellt und bieten Beratungen an. Wenn Sie online recherchieren, finden Sie auch Personalagenturen, die sich auf die Vermittlung von Fach- und Führungskräften im Ruhestand spezialisiert haben. Mehr dazu im dritten Kapitel.

Ist die Vorstellung, auch im Ruhestand weiter zu arbeiten, für Sie alles andere als eine schöne Perspektive? Aber aus finanziellen Gründen geht es nicht anders?
Vielleicht gelingt es Ihnen ja, mit Ihrem Wissen über die Bedürfnisse Ihres Gehirns nach Anerkennung und Sinn eine andere Einstellung zu Ihrer Arbeit zu finden. Welchen Nutzen könnten Sie aus Ihrer Arbeit ziehen?

_____

_____

Welchen Sinn könnte sie für Sie haben? Vielleicht den, dass Sie weiter eine Herausforderung haben und das Leben nicht als Stillstand empfinden? Vielleicht auch, dass Sie durch Ihre Arbeit die Anerkennung bekommen, die Ihnen sonst in Ihrem Leben fehlen würde, weil es (noch) keine anderen Quellen dafür gibt? Oder dass Sie auf diese Weise ganz selbstverständlich etwas für Ihre körperliche und geistige Fitness tun?

_____

_____

Welche Vorteile und positiven Folgen könnte es für Sie haben, dass Sie erst einmal weiter arbeiten werden?

_____

_____

3 Was Ihr Gehirn braucht, um in Form zu bleiben

Im ersten Kapitel ging es darum, welche enorme Bedeutung eine positive Lebenseinstellung hat, wenn Sie gesund und glücklich leben und genauso älter werden möchten. In diesem Kapitel nun haben Sie erfahren, dass die körperliche und geistige Aktivität der Motor für Ihr Gehirn ist und Sie damit sogar neue Gehirnzellen im Hippocampus wachsen lassen können. Die allerdings wollen wie kleine Pflänzchen gehegt und gepflegt werden. Stellen Sie den Motor ab – sprich: bleiben Anregungen und Lernreize aus –, verkümmern sie, bevor sie funktionstüchtige Neuronen werden konnten. Wenn Sie sie aber mit interessantem Input und neuen Reizen päppeln, integrieren sich die jungen Zellen in die Nervenbahnen, wachsen dort und arbeiten künftig fleißig an Ihrem Wohlergehen und Ihrer Gesundheit mit. Hier sind Tipps, wie Sie Ihre grauen Zellen ganz leicht im Alltag fit halten und die Babyzellen behutsam aufziehen können. Und dabei gleichzeitig auch für Ihre körperlichen und seelischen Bedürfnisse sorgen.

Die neuen Medien als Gehirncoach nutzen

Wenn Sie sich mit dem Internet, Computer oder Smartphone beschäftigen, trainieren Sie automatisch Ihr Gehirn. Die neuen Technologien fordern Ihre grauen Zellen enorm, sie bieten eine wahre Informationsflut, die bewältigt werden will. Forscher konnten bei einem Experiment mit älteren Teilnehmern nachweisen, dass bereits nach fünf Tagen Training mit dem Internet das Gedächtniszentrum aktiver war. Apropos Internet: Es gibt dort hervorragende Lernvideos zu allem Möglichen, was man sich so aneignen kann. Einfach mal »Lernvideo + Stichwort (das, was Sie interessiert)« recherchieren.

Spielen

Sie spielen gern? Dann tun Sie es so oft wie möglich! Spiele sind ideale Gehirntrainer, weil sie Spaß machen, weil trotz gleicher Abläufe jede Partie anders verläuft, weil man die Strategien der Mitspieler erkennen und die Regeln immer wieder in anderen Zusammenhängen anwenden muss. Wissenschaftler haben herausgefunden, dass sich bei älteren Menschen, die sich drei Mal wöchentlich zu Karten- und Brettspielen trafen und dabei immer wieder mal auch ein neues Spiel lernten, schon nach fünf Wochen die Gehirnleistungen gesteigert hatten: Sie hatten ein besseres Kurzzeitgedächtnis, waren geistig flexibler und konnten besser schlussfolgern. Außerdem konnten sie ihre Impulse besser kontrollieren als Gleichaltrige, die nicht spielten. Klar, man lässt sich ja nicht gern in die Karten gucken …

Sich bewegen bringt Segen

Forschungsergebnisse zeigen, wie man dem natürlichen Gehirnschwund überraschend einfach entgegenwirken kann: mit körperlicher Bewegung, am besten bei Wind und Wetter. In einer Studie gingen 60 ältere Menschen, die sich bis dahin nur wenig bewegt hatten, ein Jahr lang täglich 40 Minuten flott spazieren. Danach war das Volumen des Hippocampus zwei Prozent größer als vorher – was einer Verjüngung um bis zu zwei Lebensjahre entspricht.

10 000 Schritte pro Tag

Um gesund zu bleiben, empfehlen Experten 10 000 Schritte pro Tag. Dann können die Organe optimal arbeiten, das Risiko von Diabetes, Herzinfarkt oder Schlaganfall wird reduziert und auch der Blutdruck normalisiert sich. Und nicht zuletzt verbrennt man so pro Woche 2000 bis 3500 Kalorien zusätzlich. Je

nach Schrittlänge entsprechen 10 000 Schritte 5 bis
8 Kilometern, eine halbe Stunde Radfahren entspricht
3000 Schritten. Ein Schrittzähler ist eine feine Sache.
Damit haben Sie Ihre Schritte immer im Blick und
Gehen macht noch mehr Spaß!

Wenn Sie einen Hund haben, dann sind Sie im wahrsten Sinne
des Wortes »fein raus«. Weil Sie mit Ihrem Vierbeiner bei jedem
Wetter vor die Tür gehen (müssen). Mit seinem nicht verhandel-
baren Bedürfnis nach mehrmaligem Auslauf am Tag wird Ihr
Hund für Sie zu einem idealen Gesundheits- und Fitnesstrainer.
Es muss ja nicht gleich der eigene Hund sein, der Sie in Bewegung hält. Wenn Sie Spaß an einem Vierbeiner hätten, aber sich
selbst keinen anschaffen können oder möchten – ein Hund verändert Ihren Alltag nämlich erheblich und muss wirklich zu
Ihrer künftigen Lebensplanung passen –, können Sie ja auch mal
in der Nachbarschaft fragen oder einen Zettel in den Supermarkt
hängen, dass Sie einen Hund zum Spazierengehen suchen. Viele
Hundebesitzer sind für eine solche Unterstützung dankbar. Auch
mit Hunden aus dem Tierheim oder vom Tierschutzverein können Sie Gassi gehen.

Schlechte Laune?

Dann bewegen Sie sich! Denn Bewegung hebt nachweislich die Stimmung. Dass dies wirklich funktioniert, können Sie beim nächsten Stimmungstief ausprobieren: Machen Sie einfach einen flotten Spaziergang und Sie werden erleben, dass Sie mit viel besserer
Laune wieder nach Hause kommen.

Mit einer Mischung aus »normaler« Bewegung und regelmäßigem Sport haben Sie ein »Jungbrunnen-rundum-sorglos-Paket« für Körper und Geist. Ausdauersportarten wie Schwimmen, Radfahren, Nordic Walking, Joggen oder auch Langlauf verbessern die Konzentrations- und Lernfähigkeit und steigern das visuellräumliche Gedächtnis. Durch die Bewegung werden die Gefäße im Hippocampus, der Schnittstelle zwischen Kurzzeit- und Langzeitgedächtnis im Gehirn, stärker durchblutet. Sport regt dort außerdem die Ausschüttung des Wachstumsfaktors DNF an, ein Protein, das die Nervenfasern sprießen lässt und alle Umbauprozesse im Gehirn unterstützt. Je mehr Sie sich bewegen, umso besser. Aber schon mit dreißig Minuten täglich steigern Sie nachweislich Ihre Gehirnleistung. Und: Es ist nie zu spät, mit der Bewegung anzufangen.

- Suchen Sie sich die Bewegungs- und Sportart, die Sie mögen, und planen Sie sie in Ihre Woche ein. Prüfen Sie, was die VHS in Ihrer Nähe anbietet. Oder der Sportverein. Und dann einfach mal vorbeischauen und schnuppern, ob es das Richtige ist.
- Machen Sie täglich eine kleine Gymnastikeinheit und Kraftübungen mit dem Deuserband. Das ist ein elastisches Band, mit dem Sie Ihre Muskeln sehr effektiv trainieren können und das Sie in jeder Sportabteilung bekommen. Übungen werden in der Verpackung mitgeliefert oder Sie schauen sich im Internet danach um.
- Lassen Sie Rolltreppen und Fahrstühle zugunsten der Treppe links oder rechts liegen.
- Gehen Sie so oft wie möglich zu Fuß und steigen Sie auch öfter mal eine Haltestelle früher aus.
- Schaffen Sie sich einen Schrittzähler an und versuchen Sie, täglich 10 000 Schritte zu gehen. Bauen Sie morgens oder abends – am besten sowohl als auch – eine feste Runde in Ihren Tagesablauf ein: mindestens 20 bis 30 Minuten flottes Gehen.

- Machen Sie mehr Dinge im Stehen: Telefonieren – währenddessen Sie auch auf und ab gehen können – oder auch Lesen. Wenn Sie viel lesen, ist ein Stehpult ideal. Ein Notenständer tut es aber auch.

Sollten Sie sich jahrelang nicht bewegt haben und mit Ihrem Bewegungsprogramm bei null anfangen, lassen Sie sich vorher von Ihrem Arzt durchchecken.

Musizieren

Wenn Sie früher ein Instrument spielten und aufhörten, weil Sie keine Zeit mehr zum Üben hatten – fangen Sie wieder an. Oder lernen Sie das Instrument, das Sie schon immer fasziniert hat. Wissenschaftler haben nachgewiesen, dass Musizieren um vieles besser gegen Altersdemenz schützt als Lesen oder Kreuzworträtsellösen. Denn beim Musizieren sind im Gegensatz zum Kreuzworträtsel, wo reines Faktenwissen abgefragt wird, viele unterschiedliche Hirnareale aktiv, die motorische und akustische Prozesse und Gedächtnisleistungen miteinander verbinden. Selbst bei Menschen, die das erste Mal in ihrem Leben in die Klaviertasten greifen, verändern sich bereits nach zehn Minuten aufgrund elektrischer Impulse die Verbindungen im Gehirn. Diese Verknüpfungen sind allerdings noch sehr fragil und festigen sich erst nach etwa fünf Wochen. Daher muss man regelmäßig weiterüben, um das Gelernte nicht gleich wieder zu verlieren.

Wenn Sie ein Instrument lernen möchten, dann erwarten Sie nicht zu viel von sich und stellen Sie sich darauf ein, dass es lange dauern kann, bis Sie so spielen, wie Sie sich das wünschen. Musizieren auf hohem Niveau gehört mit zu den schwierigsten menschlichen Leistungen überhaupt. Weil Motorik, Gehörsinn, Körperwahrnehmung und die Hirnzentren, die unsere Emotionen verarbeiten, alle zur gleichen Zeit gefordert werden.

Kreativ sein

Wenn Sie malen oder zeichnen oder auch auf andere Weise kreativ sind, produzieren Sie nicht nur Kunst – auch Ihre Stressresistenz nimmt zu und in Ihrem Gehirn bilden sich mehr Synapsen. Die Ihnen wiederum helfen, besser zu lernen und sich leichter zu erinnern. Das haben Forscher in einer Studie mit Menschen zwischen 62 und 70 Jahren herausgefunden. Die Kontrollgruppe, die sich mit Kunstgeschichte beschäftigte, zeigte diese Effekte nicht.

Fremdsprachen lernen

Linguisten vom University College London haben mit Gehirnscans die Gehirne von 105 Menschen untersucht, von denen 80 eine Fremdsprache gelernt hatten. Dabei fanden die Wissenschaftler heraus, dass die Dichte der grauen Substanz in einem Areal der linken Großhirnrinde bei den zweisprachigen Versuchsteilnehmern größer war. Bei Kindern ist dieser Effekt besonders deutlich, doch das Lernen von Vokabeln lässt auch in fortgeschrittenem Alter die Denkzellen wachsen.

Auch Gedichte auswendig zu lernen oder Zeitungsartikel knackig auf den Punkt zu bringen ist eine tolle Übung für das Oberstübchen. Suchen Sie sich zum Lernen einfach etwas, das Ihnen Spaß macht und bei dem Sie immer wieder eine anspruchsvolle Herausforderung einbauen können. So machen Sie Fortschritte bei dem, was Sie sich aneignen wollen, und trainieren Ihr Gehirn gleich mit.

Gewohnheiten verändern

Routinen sind praktisch. Unser Hirn weiß, was es zu tun hat, schaltet auf Autopilot und man kann sich um Wichtigeres kümmern. Wenn Sie aber als Rechtshänder plötzlich mit der linken Hand Ihre Zähne putzen, den linken Schuh zuerst anziehen und auch mal mit links schreiben, wird es wieder wach und muss das, was aktuell zu tun ist, ganz neu denken. Schon mit kleinen Änderungen täglicher Handgriffe und Abläufe lässt sich das Gehirn wunderbar bis ins hohe Alter trainieren. Also setzen Sie sich ruhig mal auf einen anderen Platz am Tisch, vertauschen Sie das Besteck in den Händen – vielleicht nicht gerade, wenn Sie bei einem Galadinner eingeladen sind – und putzen Sie mit Ihrer weniger starken Hand. Auch ab und zu rückwärts zu gehen ist für das Gehirn eine aufregende Sache. Durch die höhere Aufmerksamkeit beim ungewohnten Bewegungsablauf arbeiten beide Gehirnhälften auf Hochtouren, die Gehirndurchblutung verbessert sich, was die Gehirnzellen dazu anregt, sich zu neuen Synapsen zu verbinden. Ein schöner Nebeneffekt: Sie trainieren Ihre Fußmuskeln und Ihren Gleichgewichtssinn gleich mit.

Sich selbst und anderen verzeihen

Verzeihen empfinden wir ja eher als eine Herzensangelegenheit. Doch spielt dabei unser Gehirn die entscheidende Rolle. Denn beim Vergeben produziert es das Hormon Oxytocin, das auch »Ruhe-und-Frieden«- oder Kuschelhormon genannt wird und das die neurologischen und psychischen Strukturen in unserem Gehirn massiv verändert. Angst und Misstrauen weichen Vertrauen und Zuversicht, der Stress, den lange andauernder Groll und Verbitterung mit sich bringen, löst sich auf. Dadurch trägt Vergebung auch zu einem längeren Leben bei, da negative Emotionen immer mit der Produktion von Stresshormonen verbunden sind und Dauerstress zu Krankheiten führen kann, die die Lebensdauer verkürzen. Je früher Sie also sich selbst und anderen vergeben, umso eher kann Ihr Gehirn die Folgen von negativen Gefühlen auffangen und heilen.

Offen für Neues bleiben

Ihr Gehirn liebt die Abwechslung, es ist vor allem das Neue und nicht das Bekannte, mit dem Sie Ihren Geist bis ins hohe Alter wach halten. Suchen Sie daher in Ihrem Alltag so oft wie möglich

Anregungen, die es noch nicht kennt: das Balancieren im Hochseilgarten, eine Ballonfahrt, ein neues Computerprogramm oder auch mal die völlig überflüssigen, aber technisch so herrlich überdimensionierten Funktionen des neuen Küchengeräts.

- Planen Sie Ihren Alltag – aber lassen Sie auch Raum für Überraschungen. Das kann ab und zu ein Wochenende sein, an dem Sie erst Samstagmorgen je nach Wetterlage entscheiden, was Sie machen werden.
- Suchen Sie sich echte Herausforderungen, Dinge, die Sie nicht so einfach mit links erledigen.
- Probieren Sie immer mal wieder etwas völlig Neues aus. Im Urlaub eine neue Sportart, zu Hause eine neue Zeitung oder eine völlig neue Geschmacksrichtung beim Kochen oder beim Restaurantbesuch.
- Gehen Sie zu Vorträgen oder treffen Sie sich mit Menschen, die Expertenwissen auf einem Gebiet haben, das Sie interessiert. Erschließen Sie sich eigene Wissensgebiete im Internet oder über Bücher. Recherchieren Sie, welche Möglichkeiten der Weiterbildung es für Ihre Interessen gibt.
- Besuchen Sie die Stadtteile in Ihrer Stadt oder die Nachbarorte in Ihrer Region, in die Sie »automatisch« nie kommen. Bereiten Sie sich darauf vor, was es dort zu sehen und vielleicht auch einzukaufen gibt, welche Historie sie haben und welche gesellschaftlichen Themen dort präsent sind. Sammeln Sie so viele Eindrücke wie möglich. Und staunen Sie ruhig, wenn Sie merken, dass Ihre Vorstellungen nur wenig mit der Realität dort zu tun haben. Egal wie Sie den Stadtteil nach Ihrer Erkundung finden – Sie füttern Ihr Gehirn mit einer Vielfalt an neuen Bildern und Eindrücken.

Gut schlafen

Nachts gut zu schlafen ist für das Gehirn enorm wichtig. Denn wenn es nicht zur Ruhe kommt, kann es nicht fit sein. Deshalb verbringen wir auch fast ein Drittel unseres Lebens im Bett. Und auch beim Schlaf spielt der Hippocampus als Zwischenspeicher für Informationen wieder eine wichtige Rolle. Im Tiefschlaf wird nämlich das, was wir tagsüber erlebt haben, vom Hippocampus ins Großhirn, unser Langzeitarchiv, übertragen, wo die Nervenzellen das Erlernte immer wieder abrufen, so als würde man ständig die Wiederholungstaste drücken. Dadurch brennt sich, wie auch beim Brennvorgang einer CD, allmählich eine Spur ein, nur dass es keine Tonspur ist, sondern eine »Gedächtnisspur«.

Wenn Sie also langfristig etwas in Ihrem Gedächtnis verankern möchten, dann sollten Sie es vor dem Einschlafen nochmals wiederholen. So, wie Sie es früher auch mit den Vokabeln und Matheformeln vor Klassenarbeiten machten. Guter Schlaf ist außerdem das beste Mittel gegen Stress und unerlässlich für die Erneuerung des Körper- und insbesondere des Herzgewebes.

Pausen einlegen und sich entspannen

Sich immer wieder neuen Herausforderungen zu stellen und neue Situationen zu bewältigen ist wichtig. Aber es darf nicht in Stress ausarten, denn ständiger Stress tut weder der Gesundheit noch dem Gehirn gut. Sorgen Sie daher für die richtige Balance zwischen Anspannung und Entspannung, indem Sie auch mal ein Projekt auslassen oder einen Termin absagen, wenn Sie merken, dass Sie sich zu viel vorgenommen haben. Was gerade zu Beginn des Ruhestands leicht passieren kann. Um wieder zur Ruhe zu finden und Abstand zu gewinnen, hilft schon ein Spaziergang um den Block. Oder Sie joggen, gehen schwimmen oder auf den Tennisplatz. Entspannungstechniken wie Autogenes Training, Yoga, die Progressive Muskelentspannung oder eine Meditation sind ebenfalls gute Methoden, die Stressenergie abfließen zu lassen.

Insbesondere die Wirkung der Meditation auf das Gehirn ist inzwischen sehr gut untersucht. Wenn man regelmäßig meditiert, verbessern sich die Konzentration und die Lernfähigkeit, man ist eher in der Lage, auf das Positive zu blicken, gelassener zu bleiben und seiner Umwelt aufmerksamer zu begegnen. Bereits nach acht Wochen Meditation konnten Hirnforscher deutliche Veränderungen in der Hirnstruktur ihrer Probanden erkennen: Die graue Substanz an der Amygdala, dem Hirnbereich, der für die Verarbeitung von Stress und Angst wichtig ist, war weniger dicht. Dafür hatte die Dichte des Hippocampus und der Regionen, die für Selbstwahrnehmung und Mitgefühl zuständig sind, zugenommen.

Es ist nachgewiesen, dass Menschen, die im Ruhestand regelmäßig meditierten oder Achtsamkeitsübungen machten, gesünder und mental fitter waren, bessere Blutdruckwerte und insgesamt eine höhere Lebenserwartung hatten als Ruheständler, die dies nicht taten.

Gesund essen

Unser Gehirn isst immer mit. Und da unsere gesamte Persönlichkeit in den rund 100 Milliarden Nervenzellen unseres Gehirns vernetzt ist und unsere Nahrung unsere Leistungsfähigkeit und unser Wohlbefinden maßgeblich beeinflusst, trifft der Spruch »Du bist, was du isst« ins Schwarze. Denn im Idealfall versorgt eine gesunde Ernährung unseren Körper und Geist mit allen wichtigen Brenn-, Bau- und Wirkstoffen, die sie für eine reibungslose Stoffwechselfunktion und den Erhalt unserer körperlichen und geistigen Fitness benötigen.

Wissenschaftler haben herausgefunden, dass Menschen, die wenig Fastfood und Fertigprodukte essen, sehr viel seltener an Krankheiten leiden, die zum Verlust der Gehirnzellen beitragen.

Und sie konnten belegen, dass insbesondere Zucker dem älteren Gehirn das Gedächtnis raubt. Je höher der Blutzuckerspiegel war, desto weniger Wörter konnten sich die Probanden merken. Und desto kleiner war ihr Hippocampus.

Wenn Sie in Sachen Ernährung etwas für sich und Ihr Gehirn tun möchten, dann achten Sie darauf, dass Sie dem Ursprung eines Lebensmittels so nah wie möglich kommen. Verzichten Sie auf stark verarbeitete Nahrungsmittel und alles, was zu viel, zu salzig, zu süß und zu fettig ist. Servieren Sie Ihren Nervenzellen weniger Süßigkeiten, Kuchen und Weißbrot, aber umso mehr von deren Lieblingslebensmitteln. Die sind vor allem pflanzlich. Es gibt wahre Wundergemüse und -obstsorten, die den Stoffwechsel verjüngen und sogar zur Heilung von Krankheiten beitragen. Dazu gehören unter anderem Rote Bete, Chinakohl, Weißkohl, Rotkohl, Avocado, Mangold, Brokkoli, Tomaten, Knoblauch und Zwiebeln. Beim Obst sind es vor allem Blaubeeren, Himbeeren, Brombeeren und Äpfel. Das Gehirn schätzt außerdem Haferflocken, Leinsamen, Nüsse, Naturreis, Lachs, Geflügel und Olivenöl. Unter den frischen Kräutern sind Dill, Petersilie, Koriander seine Favoriten und gewürzt werden darf gern mit Chili, Ingwer, Pfeffer und Kurkuma. Und wenn es Zeit für Süßes ist, dann ist Kakao, gern auch in Form von dunkler Schokolade, sehr willkommen. Studien haben zudem gezeigt, dass ältere Erwachsene, die ihre Kalorienzufuhr um ungefähr 30 Prozent reduzierten, ihr Gedächtnis verbessern konnten.

Zum Thema Ernährung und Gehirn gibt es unendlich viele Bücher, das Internet, Zeitschriften und TV-Dokumentationen bieten eine Fülle an Anregungen. Und es lohnt sich auf jeden Fall, ihm mehr Zeit und Aufmerksamkeit zu widmen. Denn mit Ihrer Ernährung haben Sie täglich den Generalschlüssel zu Ihrer körperlichen und geistigen Fitness und damit zu Ihrer Lebensqualität in der Hand.

Risikofaktoren beobachten

Herz-Kreislauf-Erkrankungen, ein hoher Cholesterinspiegel, Übergewicht, Rauchen, Alkohol, Bluthochdruck, Diabetes oder Arteriosklerose sind für das Gehirn ein Risiko, weil diese Krankheiten seine Durchblutung stören und dadurch Gehirnzellen absterben können. Wenn Sie bereits unter bestimmten Erkrankungen oder Symptomen leiden, sollten Sie daher auf jeden Fall die relevanten Werte regelmäßig vom Arzt checken lassen. Aber auch dann, wenn Sie keine Symptome haben, sollten Sie dies im Rahmen regelmäßiger Vorsorgeuntersuchungen tun.

Im Kontakt bleiben

»Wer einsam ist, der hat es gut, weil keiner da, der ihm was tut«, reimte Wilhelm Busch einst in seinem Loblied auf die Einsamkeit. Keine Frage: Alleinsein ist wichtig und hat seine Vorzüge. Aber wenn Sie mit anderen zusammen sind, läuft Ihr Gehirn auf Hochtouren: »Was denken die anderen? Sind sie ehrlich? Irgendetwas stimmt da doch nicht.« Die Interpretation von Gestik, Geruch, Mimik und Auftreten ist feinstes Futter für Ihre Gehirnzellen und hält sie fit. Forscher der Harvard-Universität befragten mehr als 16 000 Menschen, die das 50. Lebensjahr überschritten hatten, nach ihren sozialen Kontakten. Wer regelmäßig Freunde, Nachbarn und Angehörige traf oder ehrenamtlich tätig war, konnte sich Wortlisten doppelt so gut merken wie Menschen, die weniger gut vernetzt waren. Und noch ein starkes, wissenschaftlich belegtes Argument für Kontakt: Wenn Sie Ihren Familien-, Freundes- und Bekanntenkreis pflegen, haben Sie nicht nur eine höhere Lebenserwartung – auch Ihr Risiko, an Alzheimer zu erkranken, ist geringer.

Ob Sie nun anfangen Kleider zu entwerfen, ins Museum zu gehen oder sich politisch zu engagieren – kreativ und offen für Neues zu sein, Ziele, Inhalte und Aufgaben zu haben, die Ihnen Spaß machen und Sie herausfordern, und sich jeden Tag so viel wie möglich zu bewegen – das ist es, was Ihr Gehirn fit und leistungsfähig hält.

Überlegen Sie, was Sie schon machen. Und was Sie in Zukunft öfter machen könnten. Das müssen keine riesigen Neuerungen sein. Schon wenn Sie in der Woche regelmäßig Spaziergänge einplanen oder sich häufiger für gesündere Nahrungsmittel entscheiden, ist das eine Veränderung, die Ihr Gehirn prima findet.

Ich mache schon:

_____

_____

_____

Von folgenden Dingen werde ich mehr in meinen Alltag einbauen:

_____

_____

_____

Das könnte ich folgendermaßen tun:

_____

_____

_____

Es könnte allerdings folgende Schwierigkeiten geben:

_____

_____

_____

Wer oder was würde mir helfen, sie zu beseitigen?

_____

_____

_____

KAPITEL 3

Wer bin ich?
Was will ich?
Was kann ich?

Haben Sie schon eine Idee, was Sie nun machen möchten? Oder noch überhaupt keine Ahnung? In diesem Kapitel schauen wir uns Ihre Fähigkeiten,
Talente, Interessen und Neigungen genau an. Mit Fragen, Checklisten und
Impulsen für neue Möglichkeiten finden Sie Stück für Stück heraus, was Sie
sich von Ihrer Zukunft wünschen, wie dieser Wunsch konkret aussehen
könnte und was zu tun ist, damit er Wirklichkeit wird.

»Natürlich freue ich mich, wenn mal Enkel da sind, und ich werde
auch gern auf sie aufpassen«, sagt Claudia. »Aber eben nicht nur.
Ich möchte mich von meinen Kindern im Ruhestand nicht dazu
verpflichten lassen, regelmäßig die Enkel zu hüten. Ich möchte
meine eigenen Themen und Aufgaben haben, über die ich selbst
bestimme und die mich erfüllen. Und habe da auch schon Ideen.«

Und Sie? Wer sind Sie? Was zeichnet Sie aus? Und womit
möchten Sie das Gefäß Ihres Lebens jetzt füllen?

Vielleicht möchten Sie endlich einmal Zeit für sich selbst
haben und all das leben und genießen, was bisher immer zu kurz
gekommen ist? Dann kommt jetzt die »time of your life«. Denn
der Ruhestand ist die Lebensphase, in der Sie sich nach langer
Zeit – oder vielleicht sogar zum ersten Mal – ganz bewusst auf
Ihr eigenes Leben konzentrieren können. In der Sie auch die Ge-
schehnisse der Vergangenheit überdenken, einordnen und verstehen können. Warum sind Sie der Mensch geworden, der Sie
sind? Welche Ihrer Fähigkeiten möchten Sie weiterentwickeln
und welche bisher unerfüllten Wünsche mittel- und langfristig
realisieren?

Oder brauchen Sie sofort wieder Inhalte und Ziele, damit
Ihnen nicht langweilig wird? Wenn ja, in welcher Form? Möchten Sie Neues lernen? Oder weiter Geld verdienen und einen Status genießen? Geht es Ihnen auch jetzt vor allem um Anerkennung, weil die in Ihrem bisherigen Leben immer eine große
Rolle gespielt hat?

Mit den folgenden Übungen lade ich Sie ein, sich Ihre Fähigkeiten und Erfolge bewusst zu machen. Sie können beide Übungen machen oder sich für diejenige entscheiden, auf die Sie gerade mehr Lust haben. Und die zweite vielleicht später noch dranhängen. Auf jeden Fall werden Sie staunen, über welch großen Erfahrungsschatz Sie verfügen, den Sie in Ihrer neuen Lebensphase sinnvoll für sich und andere nutzen können.

1. Ihre Erfolgs-Lifeline

Was fällt Ihnen spontan ein, wenn Sie an Ihre Fähigkeiten und Kompetenzen denken? Was können Sie gut – gerade weil Sie älter sind? Welche Erfolge haben Sie Ihren Fähigkeiten zu verdanken? Schreiben Sie alles in Ihre Kladde. Und ergänzen Sie Ihre Aufzeichnungen, wann immer Ihnen noch etwas einfällt. Schauen Sie sich die Liste dann immer mal wieder zwischendurch an. Besonders, wenn Sie merken, dass Ihr Selbstbewusstsein schwächelt. So werden Sie sich Ihrer Fähigkeiten immer bewusster.

2. Ihr Lebenspanorama

Beim Blick in die Zukunft helfen uns unsere Erinnerungen. Nehmen Sie sich Zeit und erinnern Sie sich an Ihre wichtigsten Lebensereignisse. Fassen Sie sie pro Jahrzehnt mit einem oder zwei Sätzen zusammen. Dann stufen Sie sie auf den Skalen »Vergnügen« und »Erfolg« von 1 (sehr wenig) bis 5 (sehr viel) ein.

Meine 20er: »Lehrjahre. Und erwachsen geworden.«

Vergnügen: 1 _____ 5

Erfolg: 1 _____ 5

1 Wie Sie sich selbst neu entdecken

Wenn Sie noch keine Vorstellung davon haben, was Sie im Ruhestand mit Sinn und Freude erfüllen könnte, dann lassen Sie es uns auf den folgenden Seiten gemeinsam herausfinden. Wenn Sie schon eine Idee haben, beantworten Sie den Fragebogen auf Seite 106 ff. trotzdem. Er ist eine gute Gelegenheit, sich wieder einmal mit sich selbst zu beschäftigen und Klarheit darüber zu gewinnen, ob Ihre Pläne auch wirklich zu Ihren Zielen und Wünschen passen.

Die Fragen sind so gestellt, dass Sie Ihren Gedanken freien Lauf lassen können, um Ihre Antworten zu finden. Am besten nehmen Sie sich einige Stunden Zeit und setzen sich an einen Ort, an dem Sie sich gern aufhalten und wo Sie nicht gestört werden. Je intensiver Sie sich mit den Fragen und den Antworten beschäftigen, desto mehr Informationen erhalten Sie über sich und desto klarer tauchen Ihre neuen Inhalte am Horizont auf.

Sie müssen nicht jede Frage sofort beantworten. Fangen Sie mit denjenigen an, zu denen Ihnen spontan Antworten einfallen. Die anderen lassen Sie erst einmal wirken. Es kann sein, dass Ihr Unterbewusstsein Ihnen dann vielleicht in einigen Tagen oder Wochen auf ungewöhnliche Weise antwortet. Mit einem Traum. Oder einem Buch, das Ihnen in die Hände fällt, einem Film, den Sie sich anschauen, oder durch eine zufällige Bekanntschaft. Beobachten Sie sich daher in der nächsten Zeit aufmerksam, achten Sie auf das, was Ihnen im Alltag passiert, und schreiben Sie Ihre Träume in Ihr Notizbuch.

Wie Ihr Lebensmensch, Ihre Freunde und Bekannten Sie wahrnehmen, schenkt Ihnen ebenfalls kostbare Informationen über Ihre Persönlichkeit, die Sie sich selbst nicht geben könnten.

Wir erleben uns ja immer nur aus unserer Innenperspektive heraus. Die Außenperspektive, wie unser Handeln und unsere Persönlichkeit von anderen wahrgenommen werden, können wir nicht einnehmen. Ohne sie ist aber das Bild von uns nicht komplett. Daher beziehen wir auch Ihre Familie, Freunde und Bekannten in die Fragen ein.

Ihre Fähigkeiten, Talente und Interessen

Als Erstes beschäftigen wir uns mit dem, was Sie gut können und was Ihnen Freude macht und Sie interessiert. Zweifellos haben Sie viele Talente und Stärken – auch wenn Sie selbst diese gar nicht als solche bezeichnen würden. Weil Sie vielleicht denken, dass ein Talent eine außergewöhnliche Begabung sein muss, die sich schon früh zeigt. Aber Talente müssen nicht spektakulär sein. Es könnte sein, dass Ihnen das freie Sprechen, der Umgang mit Menschen oder das aufmerksame Zuhören leichter fällt als anderen. Oder dass Sie einen Raum mit wenigen Mitteln stimmungsvoll dekorieren und eine Feier perfekt organisieren können. Für Sie selbst ist das nichts Besonderes. Es fällt Ihnen leicht, denn Dekorieren und Organisieren sind zwei Ihrer ganz individuellen Stärken, bei denen Ihr Wissen, Ihre Erfahrungen und Ihre Fertigkeiten zusammenkommen. Andere aber verblüffen Sie damit, weil sie dazu nicht in der Lage wären.

1. Wovon haben Sie als Kind geträumt?

_____

_____

2. Was hat Ihnen als Kind Spaß gemacht?

_____

_____

3. Wofür haben Sie früher viel Anerkennung und Lob erhalten?

_____

_____

4. Welche Interessen und Hobbys hatten Sie früher? Was haben Sie gern gemacht, kam aber wegen Ihrer Ausbildung und des Jobs immer viel zu kurz?

_____

_____

5. Welche Tätigkeiten in Ihrem Beruf haben Sie gern gemacht?

_____

_____

6. Was hat Ihnen an diesen Tätigkeiten besonders gefallen?

_____

_____

7. Was konnten Sie bei diesen Tätigkeiten besonders gut?

_____

_____

8. Was haben Sie dabei gelernt, das Sie auch auf andere Bereiche übertragen könnten?

_____

_____

9. Waren Sie nebenberuflich tätig? Wenn ja, welche Tätigkeiten machten oder machen Ihnen besonders viel Spaß?

_____

_____

10. Wofür bekommen Sie heute Anerkennung? In welcher Form?

_____

_____

11. Welche außergewöhnlichen Erfolge haben Sie in Ihrem Leben gehabt?

_____

_____

12. Welche Fähigkeiten haben Sie eingesetzt, damit es zu diesen Erfolgen kam?

_____

_____

13. Welche Pflichten haben Sie gern übernommen bzw. welchen Pflichten kommen Sie nach wie vor gern nach?

_____

_____

14. Was haben Sie aus Niederlagen und Misserfolgen gelernt?

_____

_____

15. Was machen Sie gern und am häufigsten, wenn Sie Zeit haben?

_____

_____

16. Bei welcher Tätigkeit vergessen Sie die Zeit komplett?

_____

_____

17. Welche Dinge, die Sie richtig gern machen, kommen immer viel zu kurz?

_____

_____

18. In welcher Umgebung sind Sie am liebsten?

_____

_____

19. Mit welchen Menschen – Kinder, Jugendliche, jüngere oder
ältere Erwachsene – sind Sie besonders gern zusammen?

---

20. Bei welchen Themen drehen Sie das Radio lauter, schauen
im Fernsehen gespannt hin oder bleiben beim Lesen fasziniert hängen? Worüber unterhalten Sie sich besonders
gern? Wenn es mehr als fünf Themen sind, bringen Sie
diese bitte in eine Reihenfolge und schreiben Sie die Nummern jeweils vor die Themen: 1 ist das für Sie interessanteste Thema, 2 das zweitinteressanteste etc.

○	Architektur	○	Autos
○	Bildung	○	Bücher & Lesen
○	Demokratie & Freiheit	○	Ernährung
○	Familie	○	Flüchtlinge
○	Frieden, Gerechtigkeit	○	Garten
○	Geschichte	○	Gesellschaft
○	Gesundheit	○	Handwerk
○	Hospiz & Sterbe-begleitung	○	Kommunikationstechnik, Medien
○	Kunst, Kultur, Musik, Theater	○	Literatur
○	Menschenrechte	○	Mode & Deko
○	Natur	○	Öffentlichkeitsarbeit
○	Ökologie, Nachhaltigkeit	○	Politik
○	Psychologie & Verhalten	○	Reisen, andere Kulturen
○	Religion & Philosophie	○	Soziales & Soziale Arbeit

○ Sport   ○ Tiere, Tierwohl, Tierschutz

○ Umweltschutz   ○ Verkehr & Transport

○ Wirtschaft & Geld   ○ Wissenschaft & Technik

○ Wohnen & Nachbarschaft

Weitere:

_____

_____

21. Zu welchen Themen können Sie sofort etwas erzählen, weil
Sie viel darüber wissen?

_____

_____

22. Was könnten Sie sich spontan für sich vorstellen?

○ beraten & coachen   ○ betreuen & begleiten

○ handwerklich &   ○ unterrichten &
  kreativ arbeiten   weiterbilden

○ mich persönlich weiterbilden   ○ politisch aktiv sein

○ mehr für Familie und Freunde   ○ mehr im Haushalt
  da sein   tun

○ mehr mit Tieren zusammen sein   ○ kulturell aktiver sein

Weitere:

_____

_____

23. Wen würden Sie gern unterstützen? Jugendliche bei der
   Jobsuche? Kinder bei den Hausaufgaben, Arbeitslose,
   Kranke …?

_____

_____

24. Wen bewundern Sie? Wer ist Ihr Vorbild? Und warum?

_____

_____

25. Welche Eigenschaften Ihres Vorbilds glauben Sie auch zu
   haben?

_____

_____

26. Welche Eigenschaften Ihres Vorbilds würden Sie sich gern
    aneignen?

    _____

    _____

27. Wenn Geld überhaupt keine Rolle spielen würde und Sie
    weder Angst noch Zweifel hätten – was würden Sie dann in
    den nächsten Jahren am liebsten tun?

    _____

    _____

Was macht Ihre Einzigartigkeit aus?

Auf der ganzen Welt gibt es keinen zweiten Menschen, der exakt
so ist wie Sie. Was genau macht Ihr Anderssein, Ihre Einzigartig-
keit aus? Was sind Ihre ganz individuellen Fähigkeiten? Was Ihre
individuellen Persönlichkeitsmerkmale? Sind Sie ein tempera-
mentvoller Typ, der eine Bühne für sich braucht, gerne Menschen unterhält und keine Gelegenheit zur Geselligkeit auslässt?
Oder sind Sie eher introvertiert, denken viel nach, hören gern zu
und lieben die Ruhe? Und was liegt Ihnen ganz besonders am
Herzen? Ihre persönliche Freiheit? Ihre Gesundheit? Oder die
Verbundenheit mit Ihrer Familie? Die folgenden Fragen helfen
Ihnen, es herauszufinden.

28. Was ist Ihnen persönlich besonders wichtig?

_____

_____

29. Was macht Ihrer Meinung nach Ihre Liebenswürdigkeit
aus?

_____

_____

30. Was sind Ihrer Meinung nach Ihre drei hervorstechendsten Wesensmerkmale?

_____

_____

31. Welche Vorteile haben Ihre hervorstechendsten Wesensmerkmale? Gelingt es Ihnen beispielsweise, dass Menschen
sich von Ihnen gut unterhalten fühlen? Oder beraten? Und
verstanden? Oder schenken andere Ihnen Vertrauen, weil
Sie so eine ruhige und wohltuende Art haben?

Meine Wesensmerkmale haben die Vorteile …

_____

_____

32. Welche Stärken, Eigenschaften und Besonderheiten haben Sie in den Augen anderer? Fragen Sie vier ausgewählte Menschen in Ihrem Umfeld. Sie können auch eine Mail schreiben und um ein kurzes Feedback bitten.

_____

_____

33. Welche positiven Eigenschaften Ihrer Persönlichkeit treten bei bestimmten Tätigkeiten besonders gut zutage? Wenn Sie zum Beispiel gut systematisch und strukturiert denken können, dann können Sie wahrscheinlich auch prima organisieren.

_____

_____

34. Was können Sie besser als viele andere?

_____

_____

35. Was macht Ihnen Spaß, wozu andere sich nur ganz schwer aufraffen können? Räumen Sie zum Beispiel gern auf? Putzen Sie gern? Lieben Sie es, Dinge zu sortieren oder Steuererklärungen zu machen?

_____

_____

36. Sind Sie gern für sich und halten sich im Hintergrund? Oder suchen Sie die Bühne und lieben es, unter Menschen zu sein?

_____

_____

37. Welches Umfeld brauchen Sie, um sich wohlzufühlen und auf »Betriebstemperatur« zu kommen?

_____

_____

38. Wie müsste der Ort aussehen, wo Sie gern hingehen und tätig sein möchten?

_____

_____

Was sind Ihre Glücksquellen?

Glück und Zufriedenheit sind unsere wichtigsten Ressourcen. Aus ihnen holen wir uns unsere Kraft, sie sorgen dafür, dass wir uns körperlich und geistig wohlfühlen und den Herausforderungen des Alltags gut gerüstet gegenübertreten können.

39. Was in Ihrem Leben ist gerade gut? Und warum?

_____

_____

40. Was baut Sie zuverlässig auf, wenn Sie niedergeschlagen sind?

_____

_____

41. Was zaubert Ihnen ein Lächeln ins Gesicht oder bringt Sie zum Lachen?

_____

_____

42. Wann waren Sie das letzte Mal so richtig glücklich? Was war der Anlass?

_____

_____

43. An welche Ereignisse erinnern Sie sich immer wieder gern?

_____

_____

Worin finden Sie Sinn?

Ihre Antworten auf die Frage nach dem, was für Sie wichtig ist, nach den Zielen, die Sie anstreben, und letztlich nach dem Sinn Ihres Tuns haben enorme Auswirkungen auf Ihr Leben. Weil Sie sich auf Ihre Belastbarkeit, Ihre Lebensfreude, Ihr Wohlbefinden und Ihre Gesundheit auswirken.

44. Was ist für Sie sinnvoll genutzte Zeit?

_____

_____

45. Was könnte Ihre Aufgabe in Ihrem Leben generell sein?

_____

_____

46. Wenn Sie fünf Wünsche frei hätten – welche wären das?

_____

_____

_____

_____

47. Wofür möchten Sie morgens gern aufstehen? Was treibt Sie
an?

_____

_____

48. Welche drei Dinge würden Sie gern noch verwirklichen?

_____

_____

_____

49. Was würden Sie am Ende Ihres Lebens besonders bedauern, nicht getan zu haben?

_____

_____

50. Wer soll sich einmal an Sie erinnern? Und warum?

_____

_____

51. Was müssten Sie dafür tun?

_____

_____

52. Wovor fürchten Sie sich?

_____

_____

53. Was könnten Sie tun, damit Ihre Befürchtung gar nicht erst
eintritt? Und falls es etwas ist, das sich nicht vermeiden
lässt – was könnten Sie tun, um es leichter zu ertragen?

_____

_____

54. Was liegt Ihnen besonders am Herzen? Für sich selbst,
aber auch für Ihre Familie?

_____

_____

Auswertung: Das möchte und brauche ich!

Sie haben sich nun intensiv mit Ihren Stärken und Interessen,
Ihren Wünschen, Glücks- und Sinnquellen beschäftigt. Jetzt ver-
dichten wir Ihre Antworten. Suchen Sie dafür aus Ihren Stärken
(Fragen 3, 7, 8, 10, 12, 29, 31, 32, 33, 34) diejenigen heraus, die immer wieder auftauchen. Stärke Nummer 1 ist die, die am häufigsten auftritt.

Meine größten Stärken sind

_____

_____

_____

Stellen Sie nun Ihre Persönlichkeitsmerkmale zusammen, und zwar die, die am häufigsten vorgekommen sind (Fragen 2, 10, 14, 29, 36).

Meine hervorstechendsten Persönlichkeitsmerkmale sind

_____

_____

_____

Suchen Sie nun aus Ihren Lieblingstätigkeiten Ihre drei Favoriten heraus. Schauen Sie sich dazu Ihre Antworten auf die Fragen 4, 5, 9, 16, 17, 18, 35, 36 an.

Meine Lieblingstätigkeiten sind

_____

_____

_____

Suchen Sie nun die drei Themen heraus, für die Sie sich aktuell am meisten interessieren. Die Fragen 19, 20, 21, 22 und 23 führen Sie dorthin.

Ich interessiere mich vor allem für

_____

_____

_____

Wann sind Sie glücklich und zufrieden? Antworten darauf haben Sie in den Fragen 16, 18, 36, 38, 39, 40, 41, 42 und 43 gefunden.

_____

_____

_____

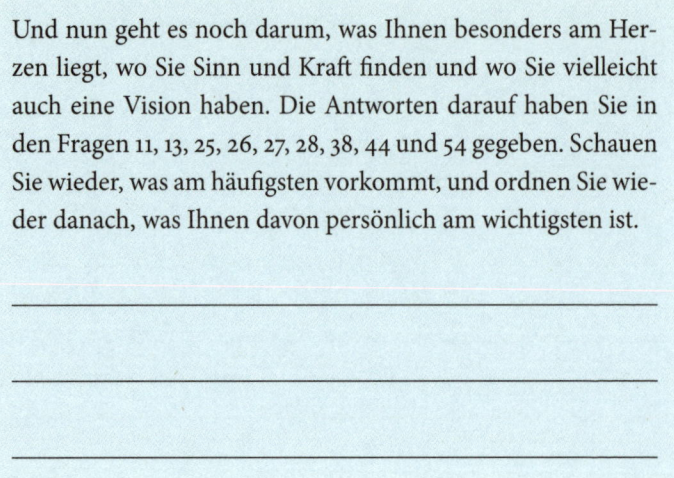

Und nun geht es noch darum, was Ihnen besonders am Herzen liegt, wo Sie Sinn und Kraft finden und wo Sie vielleicht auch eine Vision haben. Die Antworten darauf haben Sie in den Fragen 11, 13, 25, 26, 27, 28, 38, 44 und 54 gegeben. Schauen Sie wieder, was am häufigsten vorkommt, und ordnen Sie wieder danach, was Ihnen davon persönlich am wichtigsten ist.

_____

_____

_____

Herzlichen Glückwunsch! Sie haben nun die Aspekte Ihrer Persönlichkeit und Ihrer Vorstellungen von Ihrer Zukunft herausgefunden, die dazu beitragen, dass Sie zufrieden und glücklich sind. Haben Sie dieses Bild von sich erwartet? Oder sind Sie überrascht? Was ist Ihnen neu? Was ist für Sie klarer geworden?

Auf den nächsten Seiten stelle ich Ihnen Möglichkeiten vor, wie und wo Sie sich mit Ihren Fähigkeiten und Interessen engagieren können. Das ist natürlich nur ein sehr kleiner Ausschnitt aus unendlich vielen Möglichkeiten. Aber vielleicht ist dort ja schon etwas für Sie dabei? Ansonsten: Der Anhang enthält Adressen von Institutionen und Firmen, wo Sie weitere Inspiration für Inhalte und Aufgaben finden können.

Johannes, 61 Jahre: »Ich brauchte etwas, das mich fasziniert.«

»Durch meine hohe Arbeitsbelastung – das muss ich ehrlicherweise sagen – hatte ich früher keine Zeit für ein Hobby, neben meinem Job war kein Raum für private Interessen. Aber nun hatte ich ihn. Und gönnte mir eine alte Reetdach-Kate. Mit großer Freude geh ich da hin und klopf den Putz ab, unterhalte mich mit dem Dachdecker und verhandle mit dem Sanitärunternehmen. Ich frage mich manchmal, wie ich auf die Idee gekommen bin, mir so ein Groschengrab zu kaufen. Aber dann kommt wieder der Gedanke: ›Guck mal, wenn es fertig ist, dann sieht das so und so aus. Und dann hast du Freude daran, dass du aus den selbst geernteten Äpfeln 150 Liter Apfelsaft und noch 20 Gläser Apfelmus machst.‹ Mit der Arbeit an der alten Kate verfolge ich nun nach langer Zeit endlich eigene Interessen und das fühlt sich ziemlich gut an.

Ein weiteres Vorhaben für den Ruhestand war der Wunsch, etwas zurückgeben zu wollen. Ich bin in der Katholischen Jugend sozialisiert worden und habe dort so viel gelernt, was mir in meinem Leben und meinem Beruf enorm geholfen hat: Eigenverantwortung und Verantwortung für andere zu übernehmen zum Beispiel, kontroverse Positionen einzunehmen oder auch mit Menschen zu arbeiten.

Heute bin ich evangelisch. Eines Tages bin ich zum Pfarrer gegangen und habe gesagt: ›Irgendwann höre ich auf zu arbeiten. Ich würde gern meine Erfahrungen in die Gemeindearbeit einbringen. Haben Sie da etwas für mich?‹«

2 Wie Sie herausfinden, wie Ihre Zukunft aussehen könnte

Voilà – auf den nächsten Seiten finden Sie eine Fülle an Ideen, was Sie alles im Ruhestand machen könnten. Acht Bereiche habe ich ausgewählt:

1. Für sich selbst, die Familie, Freunde oder Menschen in schwierigen Situationen da sein
2. Mit Kindern oder jungen Menschen arbeiten
3. Sich weiterbilden
4. Sich ausdrücken und kreativ sein
5. Die eigene Berufs- und Lebenserfahrung weitergeben
6. Unterwegs sein
7. Sich für die Natur oder Tiere engagieren
8. Sich politisch, kirchlich oder kulturell engagieren

Schauen Sie sich Ihre Antworten aus dem letzten Kapitel an – wo würden Sie sich am ehesten sehen? Was spricht Sie spontan am meisten an? Wenn Sie dazu ein klares Gefühl haben, dann lesen Sie die entsprechenden Vorschläge in dem Bereich durch. Wenn Sie nicht so recht wissen, was passt, dann gleichen Sie die jeweiligen Überschriften mit Ihren Antworten aus der Auswertung ab. Was könnte am besten zu Ihnen passen?

Wenn Sie herausgefunden haben, dass Sie gern wieder arbeiten würden – sei es bezahlt oder unbezahlt – und die Einsamkeit fürchten, dann sollten Sie nach einer Aufgabe suchen, die mit Menschen und Kontakt in dem Maß zu tun hat, wie es Ihnen guttut. Liegen Ihnen beispielsweise speziell junge Menschen am Herzen, möchten Sie sie gern in irgendeiner Form unterstützen, dann schauen Sie im Bereich »Mit Kindern oder jungen Menschen arbeiten« und auch bei »Die eigene Erfahrung weitergeben« nach. Dort finden Sie unter anderem Paten- und Mentorenprojekte, die eine wunderbare Kooperation sind: Die Jüngeren profitieren von Ihrem Wissen und Sie erleben Sinn, weil Sie jemandem helfen können, indem Sie ihn an Ihren Erfahrungen teilhaben lassen.

Natürlich können es auch mehrere Bereiche sein, die für Sie in Frage kommen. Sie können für Ihre Familie da sein wollen und gleichzeitig auch andere an Ihrem Wissen teilhaben lassen. Oder selbst eine Ausbildung machen und sich in einem Projekt engagieren. Oft lassen sich Bereiche auch prima kombinieren. Wenn Sie sich zum Beispiel sowohl für Tiere als auch in der Politik engagieren wollen – vielleicht ist dann eine Aufgabe im Tierschutz eine spannende Option?

Verstehen Sie die hier vorgestellten Ideen bitte als Anregung. Sie sind – ich hatte es schon erwähnt – nur ein Ausschnitt aus einem Füllhorn an Möglichkeiten. Hören Sie sich in Ihrer Gemeinde um, schauen Sie auf die Aushänge in Geschäften und lesen Sie die Kleinanzeigen in Ihrer Tageszeitung. Fragen Sie Freunde, Verwandte und Bekannte. Und nutzen Sie unbedingt auch das Internet, um das zu finden, was Sie machen möchten. Es gibt zahlreiche Portale, die ehrenamtliche, aber auch bezahlte Arbeit anbieten und vermitteln.

Und falls ein Ehrenamt für Sie in Frage kommt: Es gibt inzwischen auch eigene Messen rund um das Ehrenamt oder Freiwilligen-Börsen, bei denen sich gemeinnützige Organisationen mit ihren Infoständen präsentieren. Dort können Sie sich kompetent beraten lassen und viele Informationen und Eindrücke mitnehmen, um für sich das passende Betätigungsfeld zu finden. Und vielleicht knüpfen Sie ja auch schon erste Kontakte? Recherchieren Sie einfach mal »Messe + Ehrenamt + Ihre Stadt«.

Behalten Sie den Überblick

Am besten legen Sie sich in Ihrem Computer oder auf dem Papier eine »Ideen«-Tabelle mit sechs Spalten an, die wir nacheinander benennen werden. Jetzt geht es zunächst um die zweite Spalte. Geben Sie ihr den Namen »Interessant« und notieren Sie dort die Idee, die Sie anspricht. Also zum Beispiel »Jobpate«. Oder »Granny-Aupair«. Oder »Zeit für mich«. So entsteht eine erste Übersicht der Angebote, auf die Sie Lust hätten.

Interessant				
Jobpate				
Granny-Aupair				
Zeit für mich und die Familie				
…				

Ihre Tabelle werden wir im Laufe des Kapitels Spalte für Spalte ergänzen. Und jetzt lassen Sie uns mal sehen, was Sie alles in Ihrer Zukunft möglich machen können.

1. Sie möchten für sich selbst, Ihre Familie, Freunde oder Menschen in schwierigen Situationen da sein?

»Jetzt bin ich für euch und mich da«: Familien- und Selbstzeit
Ihre Familie ist bisher immer zu kurz gekommen und nun haben Sie endlich Zeit, für Ihre Lieben da zu sein. Vielleicht brauchen Ihre Eltern oder Familienangehörige Ihre Hilfe? Vielleicht möchten Sie künftig aber auch ganz einfach mehr für Ihren Partner oder Ihre Partnerin da sein, mehr Anteil am Leben Ihrer Kinder

und Enkelkinder haben und im Haushalt mehr übernehmen. Und dabei auch endlich Zeit für sich haben oder spontan, ohne lange Planung, die Möglichkeiten ergreifen, die sich Ihnen bieten: Reisen, Sport, Kochen oder etwas anderes lernen, Verabredungen, Zeit für Muße, Lesen, die Schönheit des Lebens genießen.

Zeit schenken: Besuchsdienste

Ehrenamtliche Besuchsdienste kümmern sich um Menschen, die einsam oder krank sind, wenig soziale Kontakte und oft auch eine eingeschränkte Mobilität haben. Zum Besuchsdienst gehört das Vorlesen und Erzählen, Gespräche zu führen und auch beim Einkaufen oder bei Behördengängen zu helfen. Die Besuche finden in Krankenhäusern, Altenpflegeeinrichtungen, Hospizen oder zu Hause statt. Fragen Sie einfach in Ihrer Gemeinde, bei Ihrer Kirche oder im Krankenhaus an. Oder recherchieren Sie im Internet »Besuchsdienste Ehrenamt + Ihre Stadt«.

»Was brauchen Sie?«: Mitarbeit in der Bahnhofsmission

Die Bahnhofsmission hilft jedem, der mit dem Zug unterwegs ist und Hilfe benötigt: beim Aus- und Umsteigen, wenn man die Fahrkarte verloren hat oder wenn Kinder alleine reisen. Sie vermittelt auch Schlafplätze und ist Ansprechpartner für Menschen in Nöten aller Art. Wie Sie sich dort engagieren können, erfahren Sie unter www.bahnhofsmission.de

Ansprechpartner in Krisen: Seelsorge

Seelsorge umfasst viele Tätigkeiten und wird unter anderem auch anonym in kirchlichen Einrichtungen geleistet. Bevor man in einem Seelsorge- oder Telefonseelsorgeteam mitarbeiten kann, ist eine Ausbildung erforderlich. Die Kosten dafür werden häufig von den Seelsorgezentren übernommen. Als Gegenleistung verpflichtet man sich in vielen Einrichtungen, nach der Ausbildung für eine bestimmte Zeit ehrenamtlich mitzuarbeiten.

Lachen ist die beste Medizin: Klinik-Clown werden
Sie lieben es, Menschen zum Lachen zu bringen? Klinik-Clowns
nehmen auf ihre lustige Art Kontakt mit kleinen Patienten in
Krankenhäusern oder auch mit alten Menschen in Heimen auf,
schenken Zeit und Freude. Zum Klinik-Clown benötigen Sie eine
Ausbildung. Infos erhalten Sie beim Dachverband Clowns in
Pflege und Medizin e. V., www.dachverband-clowns.de

Sterbende begleiten: Helfen im Hospiz
Ehrenamtliche und hauptamtliche Mitarbeiter von Hospizinitia-
tiven stehen Menschen in ihrer schweren Zeit vor dem Tod und
auch deren Angehörigen bei. Die Begleitung findet entweder im
Hospiz oder zu Hause statt. Für die Mitarbeit im Hospiz benötigt
man ebenfalls eine Ausbildung, deren Kosten man in der Regel
selbst trägt. Recherchieren können Sie mit den Stichworten »Mitarbeit + Hospiz + Ihre Stadt«.

Essen an Bedürftige verteilen: Die Tafeln
Die Tafeln e. V. sind eine Einrichtung für Menschen mit sehr ein-
geschränkten finanziellen Mitteln, die Unterstützung in Form
von Lebensmitteln erhalten. Die Lebensmittel stammen von Geschäften oder auch Privatleuten. Ohne das Engagement ehrenamtlicher Helferinnen und Helfer wären die Tafeln in Deutschland nicht möglich: Über 60 000 Freiwillige arbeiten für die
Tafel-Idee unter anderem als Fahrer, in der Warenausgabe oder
im Lager, in der Verwaltung, als externer Berater, als Organisator
von Veranstaltungen oder als Gestalter von Info-Materialien.
www.tafel.de

Streit schlichten und Kompromisse finden: Mediator sein
Wenn Sie Konflikte genauso spannend wie deren Lösungen fin-
den – Mediatoren vermitteln zwischen Streitigkeiten im privaten
Bereich oder in Firmen, indem sie mit den Beteiligten außer-

gerichtliche Lösungen und neue Handlungswege entwickeln. Zum professionellen Mediator kann man sich bei Weiterbildungsträgern und auch bei der Industrie- und Handelskammer (IHK) ausbilden lassen und in dieser Tätigkeit auch unterschiedliche Schwerpunkte wie Beziehungen, Familie oder Wirtschaft wählen. Informationen finden Sie unter anderem beim Bundesverband Mediation, www.bmev.de

2. Sie möchten mit Kindern oder jungen Menschen arbeiten?

»Es war einmal …«: Märchentante und Märchenonkel
Erzieherinnen und Erzieher in Kindertageseinrichtungen haben mit der Betreuung und Bildung der ihnen anvertrauten Kinder alle Hände voll zu tun. Wenn sie beim Vorlesen Unterstützung bekommen, dann bedeutet das oft eine große Entlastung und die Kinder freuen sich über freundliche Besucher. Gehen Sie doch einfach mal in den benachbarten Kitas und Grundschulen vorbei oder rufen Sie an und fragen, ob Sie dort mit Märchenstunden eine Freude machen können.

»Oma soll kommen!«: Leihoma und Leihopa
Eine ehrenamtliche Leihoma oder ein Leihopa ist die bekannteste Form der Kinderpatenschaft. Man ist kein Babysitter und auch keine Tagesmutter oder kein Tagesvater und nimmt für seine Besuche kein Geld. Häufig erhält man aber von den Eltern eine Aufwandsentschädigung, insbesondere dann, wenn Sie mit den Kindern etwas unternehmen, das Geld kostet. Leihoma oder -opa zu werden ist vor allem dann ideal, wenn Sie das Zusammensein mit Kindern beglückend finden und auch gern ein wenig Familienanschluss hätten.

Ehrenamtliche Leihomas oder -opas werden von zahlreichen Vermittlungen in ganz Deutschland gesucht. Wenn eine Leihgroßelternschaft für Sie interessant ist, schauen Sie sich einfach

im Internet um. Dort gibt es unter dem Stichwort »Leihoma«
viele Portale und Datenbanken.

Oma im Ausland: Granny-Aupair

Sie sind reiselustig, waren aber nie Aupair und bereuen es ein
wenig? Das müssen Sie nicht, denn Sie können es jetzt nachholen – im Rahmen von professionellen Programmen, die Sie
als Granny-Aupair ins Ausland vermitteln. Sie betreuen dort in
einer Familie die Kinder, haben Kost und Logis frei und Zeit,
Land, Sprache und Kultur kennenzulernen. Und Sie werden in
die Familie integriert. Daher ist von vorneherein klar, dass Sie
als Granny-Aupair kein Kindermädchen und auch keine Haus-
hälterin sind. Wenn Sie unter dem Stichwort Granny-Aupair
im Internet recherchieren, finden Sie viele Anbieter, darunter
www.grannyaupair.de oder www.aupair-50plus.de

»Kannst du mir helfen?«: Hausaufgabenbetreuung

In Schulen arbeiten nachmittags oft ehrenamtliche, aber auch
bezahlte Mitarbeiter bei der Hausaufgabenbetreuung. Wenn es
Ihnen Spaß macht, Kinder zu fördern und zu unterstützen, fragen Sie doch in der Schule in Ihrer Nachbarschaft nach, ob
Bedarf bei der nachmittäglichen Betreuung besteht. Oder Sie
recherchieren »ehrenamtliche Hausaufgabenbetreuung + Ihre
Stadt«.

Deutschunterricht: Lesen und Schreiben lehren

Wenn Sie gern Deutsch unterrichten möchten, gibt es eine Fülle
an Möglichkeiten. Schauen Sie im Internet unter »ehrenamtlich
Deutsch unterrichten + Ihre Stadt« nach. Viele Institutionen
bieten dazu Fortbildungen an, die Sie auch unbedingt machen
sollten, wenn Sie über keine oder nur wenig Lehrerfahrung verfügen. Mit entsprechenden Vorkenntnissen und Voraussetzungen können Sie auch Lehrkraft auf Honorarbasis oder mit einem

Anstellungsvertrag werden. Um Integrationskurse zu geben, brauchen Sie eine spezielle Zulassung vom Bundesamt für Migration und Flüchtlinge (BAMF). Informationen dazu finden Sie unter http://www.bamf.de/DE/Infothek/Lehrkraefte/Zulassung/zulassung.html

»Ich unterstütze dich«: Mentor sein
Eine Mentorin oder ein Mentor begleitet Menschen, die auf ihrem Weg unsicher sind und gern Rat, Orientierung und Halt an ihrer Seite möchten. Das kann in den unterschiedlichsten Bereichen sein – bei der Förderung einer sicheren Eltern-Kind-Beziehung, bei Zuwendung für kranke und behinderte Kinder, in der Beratung und Hilfe beim Lernen, der Vorbereitung auf den Schulabschluss oder bei der Begleitung des Übergangs in den Berufsweg.

Es gibt unzählige Mentoren- und Patenprojekte für die verschiedensten Zielgruppen wie Kinder, Jugendliche, Arbeitsuchende, Existenzgründer oder Firmeninhaber. In Hamburg gibt es beispielsweise den »mentor-ring.org« oder auch den »Wegweiser Hamburger Mentor- und Patenprojekte«, in denen jeweils eine Fülle von Projekten vorgestellt wird. Schauen Sie einfach, ob etwas Ähnliches auch für Ihre Stadt existiert. Recherchieren können Sie mit den Stichwörtern »Mentor Patenprojekte + Ihre Stadt«.

»So war das damals«: Als Zeitzeuge berichten
Wie war das damals? Was haben Sie erlebt? Zeitzeuge kann jeder sein, der ein Ereignis oder einen Zeitraum selbst bewusst erlebt hat, der in der Schule oder in der außerschulischen Bildung von Interesse ist. Wenn Sie gern die Geschichte bewahren möchten und es Ihnen ein Anliegen ist, dass auch junge Menschen von Zeiten erfahren, die sie selbst nicht erlebt haben, dann können Sie Zeitzeuge werden. Zeitzeugen treffen sich in Runden zum

Austausch, lernen, wie man Geschichten interessant erzählt, und werden auch an Schulen vermittelt. Recherchieren Sie unter dem Stichwort »Zeitzeugenbörse«, ob diese Tätigkeit für Sie in Frage kommt.

»Ich komme mit«: Internationale Studierende betreuen
Ausländische Studierende fühlen sich oft alleingelassen oder unwohl, wenn sie zu Ämtern gehen oder sich in einer neuen Stadt zurechtfinden müssen. Auch hier können Sie Ihre Unterstützung anbieten. Wenden Sie sich an das Studentenwerk in Ihrer Stadt. Ansprechpartner sind dort zumeist die Koordinatoren für Internationales beziehungsweise die Tutoren der ausländischen Studierenden.

3. Sie möchten sich selbst weiterbilden?

»Da hab ich Vorlesung«: Studieren – auch ohne Abitur
Was auch immer Sie interessiert, die Türen der Universitäten stehen Ihnen offen. Sie können sich grundsätzlich für jedes Studium einschreiben, sei es aus reinem Interesse, sei es, weil Sie Ziele verfolgen und das Studium als Voraussetzung für eine zukünftige Tätigkeit brauchen. Als älterer Studienbewerber können Sie wie Ihre jüngeren Kommilitonen auch an Losverfahren für freie Studienplätze teilnehmen. Einige Hochschulen haben zwar eine Altersbegrenzung für die Aufnahme eines Studiums bei 55 Jahren angesetzt, eine bundesweite Regelung darüber gibt es aber nicht.

Abgesehen davon verfügen die Unis aber auch über spezielle Seniorenangebote. Manche Universitäten bieten hier einzelne Lehrveranstaltungen an, andere ein umfangreiches Studienprogramm. Inzwischen kann man einige Fächer auch ohne Abitur studieren, und in künstlerischen Studiengängen entscheidet seit jeher sowieso eine Aufnahmeprüfung darüber, ob man für das gewünschte Studienfach zugelassen wird. Für das Studium an einer der (Gesamt-)Hochschulen ist die Fachhochschulreife ausreichend. Recherchieren Sie einfach mal unter »Studieren ohne Abitur«.

Ältere Studierende sind auch oft als Gasthörer immatrikuliert. Gasthörer ist man dann, wenn man sich lediglich für die Inhalte des Studiums interessiert, aber keine Prüfungen machen möchte und es auch nicht könnte, weil man dafür nicht zugelassen wird. Die meisten Hochschulen verzichten bei Gasthörern daher auch auf den Nachweis der schulischen Vorbildung.

Wenn es Ihnen nicht möglich ist, mit dem Auto oder öffentlichen Verkehrsmitteln zu Universitäten oder anderen Bildungseinrichtungen zu kommen, kann ein Fernstudium die ideale Lösung für Sie sein. Recherchieren Sie in dem Fall einfach nach dem Fach, das Sie gern studieren würden.

Übrigens: Die Lebenserfahrung älterer »Semester« ist bei den jüngeren absolut willkommen. Die meisten empfinden sie in ihrem Studienalltag als Bereicherung.

Nochmal von vorn: Eine Ausbildung oder Weiterbildung machen

Sie wollten früher einmal Geigenbauer werden, haben sich dann doch für einen anderen Beruf entschieden, aber das Interesse an diesem Handwerk nie verloren? Warum nicht den Geigenbaumeister in der Nachbarschaft nach einem Praktikum fragen? Und danach – wenn es Ihnen so richtig Spaß macht und Sie die handwerkliche Geschicklichkeit haben – noch eine Ausbildung machen? Oder Sie interessieren sich für die Tätigkeit als Heilpraktiker, Coach oder Therapeut. Recherchieren Sie die Gebiete, in denen Sie sich weiterbilden möchten, und sammeln Sie so viele Informationen wie möglich über die Ausbildung selbst, Ausbildungsinstitute und die späteren Möglichkeiten, die Ihnen diese Aus- beziehungsweise Weiterbildung eröffnet.

Themenvielfalt: Kurse an der Volkshochschule

Von Politik über Religion, Kultur, Sport, Wander- und Sprach-reisen reicht das üppige Angebot der Volkshochschulen vor allem in Großstädten. Die Programme erscheinen zwei bis drei Mal jährlich und Sie können sich online oder vom gedruckten Katalog inspirieren lassen. Ein VHS-Kurs ist eine ideale Gele-genheit, sich näher mit einem Thema zu beschäftigen und he-rauszufinden, ob Sie auch langfristig daran Interesse haben und tiefer – zum Beispiel durch eine fundierte Weiterbildung – darin einsteigen möchten.

»Was für ein tolles Buch!«: Gemeinsam in einem Lese- oder Literaturkreis lesen

Sie lesen gern und lieben Bücher und Geschichten? Warum dann nicht gemeinsam in einem Literaturzirkel mit Freunden und Bekannten Bücher lesen, sich über sie austauschen und sich gegenseitig Lektüre empfehlen? Wenn Ihnen niemand in Ihrem Bekanntenkreis einfällt, der dazu Lust hätte, dann suchen Sie sich einen Literaturkreis. Mittlerweile gibt es in Deutschland rund 30 000, und falls darunter keiner sein sollte, der Ihren Vorstellun-gen entspricht, können Sie auch selbst einen gründen. Schauen Sie doch mal unter www.mein-literaturkreis.de.

4. Sie möchten sich ausdrücken und kreativ sein?

»Ein tolles Motiv!« Malen, Schreiben, Fotografieren

Sie haben eine künstlerische Ader und möchten, dass in dieser endlich wieder das Blut pulsiert? Dann lassen Sie Ihrer Kreativi-tät nun freien Lauf, denn die kreative Beschäftigung mit Dingen und Themen, die Sie glücklich machen, hält ganz nebenbei auch noch Ihr Gehirn fit. Ob Sie eine Geschichte, einen Roman, Ihre Biografie schreiben oder Gedichte verfassen möchten, ob Sie malen oder in einem anderen Bereich künstlerisch aktiv werden wollen – im Internet oder im Katalog der Volkshochschulen finden Sie neben Schreib-, Mal- und Zeichenschulen viele Angebote und Informationen, den Wort- oder Bildkünstler in sich zu wecken.

»Film ab!«: Filmkomparsin oder -komparse werden

Ohne Statisten, Komparsen, Kandidaten in Gameshows oder Zuschauer in Talkshows kommt das Film- und Fernsehgeschäft nicht aus. Die Aufgaben von Komparsen reichen vom einfachen Vorhandensein für die Bildkulisse über das Sprechen eines Satzes bis zum Übernehmen einer kleineren Rolle. Wenn Sie Filmluft schnuppern möchten, wenden Sie sich am besten an Produktionsgesellschaften oder Castingagenturen. Die finden Sie, wenn Sie »Filmkomparse werden« oder »Komparse gesucht« recherchieren.

»Bühne frei!«: Schauspieler werden

Wenn Sie schon immer vom Schauspielern geträumt haben – für die Bretter, die die Welt bedeuten können, ist es nie zu spät. Schauspielschulen (oder auch Volkshochschulen) bieten Workshops, Kurse und Ausbildungen für Menschen jeden Alters an. Und Castingagenturen suchen dort auch immer wieder nach Darstellern. Einfach mal die Schauspielschulen in Ihrer Nähe recherchieren.

»Mach was draus!«: Spaß beim Impro-Theater

Improvisationstheater – kurz Impro-Theater – bedeutet, keine einstudierten Szenen zu spielen, sondern ausschließlich zu improvisieren. Die Schauspieler kommen auf die Bühne und wissen nicht, was dort passieren wird. Vielmehr entwickeln sie nach den Vorgaben des Publikums und des Moderators Szenen aus dem Stegreif, in denen sie sich gegenseitig überraschen und inspirieren. Was sowohl für die Spieler als auch für das Publikum höchst unterhaltsam ist. Improvisationstheater macht Spaß, trainiert die Phantasie, fördert die Kreativität und stärkt das Selbstbewusstsein. Und wenn Sie das Stegreifspiel trainieren, werden Sie auch im Alltag souverän improvisieren können, weil Sie neue und ungewohnte Gedankenkombinationen zulassen und selbstbewusst zu meistern wissen. Impro-Theater kann man in Workshops oder Impro-Theaterschulen lernen. Recherchieren Sie einfach mal die Angebote in Ihrer Nähe.

»Und … lächeln!«: Modeln

Sie wollten schon immer einmal modeln? Dann ist jetzt vielleicht die Zeit gekommen! Inzwischen gibt es viele Agenturen, die sich ausschließlich auf die Vermittlung älterer Models spezialisiert haben und für die gerade Ihre Lebenserfahrung, die Ihre ganz persönliche Ausstrahlung ausmacht, interessant ist. Vielleicht sind Sie genau der Typ, der dort gerade gesucht wird? Wenn ja, dann werden wir Sie bald auf dem Laufsteg oder in Katalogen und Anzeigen sehen.

Recherchieren Sie im Internet nach Senior-Model-Agenturen und informieren Sie sich über deren Bewerbungsprozedere. Seriöse Agenturen erkennen Sie daran, dass sie normalerweise keine finanziellen Vorleistungen für die Aufnahme in die Kartei verlangen oder zu Massenshootings einladen. Lassen Sie dann bei einem guten Fotografen in Ihrer Nähe einige Fotos machen und sagen Sie, dass Sie sich mit den Fotos bei einer Model-Agentur bewerben möchten. Damit der Fotograf gleich weiß, worum es geht, und Sie richtig in Szene setzt. Sie können dabei auch schon testen, ob Ihnen die Arbeit vor der Kamera liegt und Sie sich beim Flirt mit ihr wohlfühlen. Wenn Ihnen dieser Termin Spaß gemacht hat und Ihnen Ihre Bilder gefallen, schicken Sie sie an eine oder mehrere Agenturen, die auch mit Anfängern und Laienmodellen arbeiten. Eine spannende, aufregende Erfahrung ist es bestimmt. Und ein Booster für Ihr Selbstbewusstsein allemal.

Es weihnachtet sehr: Nebenjob als Weihnachtsmann

Der Weihnachtsmann-Job hat zwar nur eine kurze Saison, dafür lässt sich in den Wochen vor dem Fest aber prima Geld verdienen. Als Weihnachtsmann macht man (nicht nur kleinen) Menschen viel Freude und ist überall ein gern gesehener Gast: auf Weihnachtsmärkten, in Kindergärten, bei Betriebsfeiern oder in Krankenhäusern. Die Agentur für Arbeit hat häufig einen Service, in dem sie Weihnachtsmänner und -frauen vermittelt. Oder Sie suchen online nach Angeboten.

5. Sie möchten Berufs- und Lebenserfahrung weitergeben?

»Du kannst das!«: Jobpate werden

Ein Jobpate hilft jungen Berufsanfängern. Oder er unterstützt einen Jugendlichen oder Arbeitslosen dabei, seinen Abschluss zu schaffen, eine Lehrstelle oder einen Job zu finden und auch zu behalten. Jugendliche, die sich einen Jobpaten wünschen, haben sich in der Regel selbst an eine Vermittlungsstelle gewandt. Es geht vor allem darum, ihre Motivation zu fördern und zu erhalten, um praktische Tipps und Hilfe, aber auch um Lebensberatung, angemessenes Verhalten und Umgangsformen. Informationen finden Sie unter www.jobpaten.net oder Sie recherchieren »jobpate werden + Ihre Stadt«.

»Da mach ich mit«: Wissen verteilen

Sie wissen viel? Oder sind Experte auf einem oder mehreren Gebieten? Dann beteiligen Sie sich doch an der weiteren Entwicklung von Wikipedia oder anderen freien Online-Enzyklopädien. Diese werden von den Lesern, nachdem man sich bei dem entsprechenden Lexikon angemeldet hat, geschrieben und von der Redaktion überprüft. Mittlerweile gibt es sehr viele Online-Lexika zu allen möglichen Themen. Eine Übersicht finden Sie bei Wikipedia unter »andere Wikis«.

Hilfe zur Selbsthilfe: Als Senior Experte arbeiten

Als Senior Experte sind Sie zusammen mit 12 000 Experten aus allen beruflichen Richtungen national und weltweit im Einsatz und unterstützen Menschen in Ihrem Fachgebiet mit Hilfe zur Selbsthilfe. Oft werden Sie auch eingesetzt, um mit Ihrer Erfahrung und Ihrem fundierten Wissen knifflige Probleme zu lösen oder ein Team von jüngeren Mitarbeitern zu coachen. Spannend? Dann informieren Sie sich unter www.ses-bonn.de oder www.diealtenhasen.de

Wissen für Freiwillige: *senior*Trainer werden

Als *senior*Trainer stellen Sie Ihr Wissen ehrenamtlich gemeinnützigen Organisationen und Vereinen zur Verfügung und gründen auch eigene Initiativen. Auf die Tätigkeit als *senior*Trainer werden Sie mit Weiterbildungen vorbereitet. Informationen finden Sie unter www.seniortrainer.org

Alt hilft Jung: Mit Rat und Tat zur Seite stehen

Die Bundesarbeitsgemeinschaft »Alt hilft Jung« bietet deutschlandweit vertiefende Beratung und Begleitung durch ehemalige Fach- und Führungskräfte aus der Wirtschaft. Als Mitglied leisten Sie Hilfe zur Selbsthilfe bei Existenzgründungen, bei der Weiterentwicklung und Sicherung von kleinen und mittelständischen Unternehmen und bei Unternehmensnachfolgen. www.althilftjung.de

»Das ist unsere Familie«: Auf der Spur der Ahnen

Sich mit der eigenen Familiengeschichte zu beschäftigen macht Spaß, ist hochspannend und gar nicht so schwierig. Und man muss auch kein Historiker sein, um den Familienstammbaum aufzustellen und Wissen über die vergangenen Generationen zu erlangen. Wenn Sie sich für Geschichte, Geschichten und die Menschen in Ihrer Familie interessieren, dann tragen Sie mit dieser wertvollen Arbeit zum Erhalt Ihres Familiengedächtnisses bei. www.ahnenforschung.net oder www.ancestry.de (kostenpflichtig)

6. Sie möchten viel unterwegs sein?

Die Welt entdecken: Endlich reisen

Wenn Sie immer schon eine lange Reise machen wollten und es bisher aus beruflichen Gründen nie geklappt hat – jetzt können Sie kreuz und quer und vielleicht auch so lange, wie Sie wollen, die Länder und Menschen kennenlernen, die Sie interessieren. Eine Reise muss keine Frage eines großen Budgets sein. In Jugendherbergen, Hostels oder beim Couchsurfing finden Sie preiswerte Unterkünfte.

Über den Tellerrand schauen: Im Austausch mit anderen Kulturen

Sie möchten andere Kulturen kennenlernen und so richtig in deren Alltag eintauchen? Dann ist für Sie vielleicht ein Kulturaustausch interessant. Organisationen wie KulturLife organisieren weltweit Kurzaufenthalts-, Work-and-Travel- und Volunteerprogramme, bei denen Sie unterschiedliche Kulturen und fremde Lebensweisen kennenlernen, zum interkulturellen Austausch beitragen und sich in Ihrer Lieblingssprache üben können. www.kultur-life.de

Villa auf Zeit: Haushüter sein

Als Haushüter ziehen Sie ein, wenn die Besitzer im Urlaub oder auf Geschäftsreisen sind. Sie sorgen gegen Bezahlung dafür, dass das Haus bewohnt aussieht, die Mülltonne rausgestellt und der Briefkasten geleert wird. Außerdem kümmern Sie sich um Tiere und Pflanzen. Es gibt einige Agenturen, die Haushüter vermitteln. Infos unter www.haushueter.org

Heute München, morgen Köln: Fahrzeuge überführen

Sie fahren gern Auto? Warum dann nicht Fahrzeuge überführen? Die Aufgaben erstrecken sich von der Überführung einzelner PKWs über die Zustellung von Bussen, LKWs und anderen Fahrzeugen bis zum Lenken eines Autotransporters. Voraussetzungen sind, dass Sie neben Flexibilität, Zuverlässigkeit und einer sicheren Fahrweise natürlich auch die entsprechenden Fahrqualifikationen mitbringen.

»Der Kurier ist da!«: Nebenjob Transportdienst

Wenn Sie Auto-, Motorrad- oder Radfahren lieben und Ehrgeiz darin haben, die kürzesten Wege zu finden – Kurierdienste sind ein Klassiker unter den Jobs. Als Kurierfahrer transportieren Sie Dokumente, Medikamente, Briefe, Belege oder Pakete von einem Ort zum Zielort. Ferntouren allerdings sind hier eher die Ausnahme, da der Transport meistens innerhalb eines Stadt- beziehungsweise eines Einzugsgebiets in Auftrag gegeben wird.

»Und hier sehen Sie ...«: Stadtführer werden

Sie lieben Ihre Stadt, deren Bauwerke und Geschichte und möchten andere dafür begeistern? Dann sind Stadtführungen für Sie vielleicht genau das Richtige. Dafür müssen Sie mit der Geschichte Ihrer Stadt, die manche Anbieter von Stadtführungen auch in eigenen Schulungen vermitteln, bestens vertraut sein. Wie Sie Stadtführer werden können, weiß das Tourismusamt Ihrer Stadt. Oder Sie erkundigen sich bei den privaten Organisationen, die Sie unter »Stadtführungen + Ihre Stadt« im Internet finden.

7. Sie möchten sich gern für die Natur oder Tiere engagieren?

Hegen und Pflegen: Grünanlagen betreuen

Wenn Sie einen grünen Daumen haben, die Natur lieben und gern im Grünen zupacken – Städte und Gemeinden freuen sich immer über Menschen, die bei der Pflege und Betreuung der öffentlichen Grünanlagen helfen. Ansprechpartner finden Sie in den Ehrenamts-Börsen im Internet oder Sie fragen bei Ihrer Gemeinde nach. Sie können natürlich auch privat jemanden unterstützen, der Hilfe im Garten braucht. Und dabei ein wenig Geld verdienen.

Offene Gärten: In Gartenparadiese einladen

Die »offenen Gärten« sind eine tolle Aktion für alle Gartenfreunde, Ausflügler und Naturliebhaber: Gartenbesitzer öffnen an einem bestimmten Tag im Jahr ihre Gartenpforte und laden zur Besichtigung ein. Ein Organisationsteam im Hintergrund sorgt für die Werbung, die Öffentlichkeitsarbeit und den reibungslosen Ablauf der Aktion. Vielleicht haben Sie Lust, dort mitzuorganisieren? Einfach mal anfragen, ob Bedarf besteht. Im Internet recherchieren Sie am besten mit den Stichwörtern »offener Garten + Ihre Stadt«. Und wenn es so etwas bei Ihnen noch nicht gibt – vielleicht rufen ja Sie die Aktion ins Leben?

Gassi gehen: Im Tierheim mitarbeiten

Im Tierheim haben Tierpfleger alle Hände voll zu tun und freuen sich über Unterstützung. Die regionalen Tierschutzvereine stellen auf ihren Seiten im Internet häufig die Aufgaben vor, die von ehrenamtlichen Helfern übernommen werden können. Stichworte: »Mitarbeit im Tierheim + Ihre Stadt«.

Ehrensache Natur: Naturlandschaften bewahren

Wenn Sie die Umwelt mitgestalten und wertvolle Ökosysteme, Pflanzen und Tiere schützen und erhalten möchten, haben Sie als »Freiwillige in Parks« in vielen Biosphärenreservaten, Natur- und Nationalparks in Deutschland die Gelegenheit dazu. Recherchieren Sie »Ehrenamt Natur + Ihre Stadt«.

Altes erhalten: Denkmalpflege

Als ehrenamtlicher Bodendenkmalpfleger tragen Sie dazu bei, das archäologische Kulturerbe Ihrer Region zu erhalten, zu pflegen und zu erforschen. Ehrenamtliche Hobbyarchäologen sind mittlerweile eine wichtige Stütze der archäologischen Denkmalpflege, die Geschichts- und Archäologie-Begeisterten sogar die Möglichkeit bietet, selbst zu forschen. Wenn Sie daran interessiert sind, Kulturschätze zu bewahren, wenden Sie sich am besten an die Stellen der Landesämter für Kultur und Denkmalpflege.

8. Sie möchten sich politisch, kirchlich oder kulturell engagieren?

»Da mische ich mit!«: Politisches Engagement

Sie interessieren sich für Politik und haben Wünsche und Ideen zur Verbesserung des gesellschaftlichen Lebens? Jetzt haben Sie die Zeit, sich politisch zu engagieren und die Interessen derer zu vertreten, die wie Sie denken. Politisch aktiv werden können Sie in Ihrer Gemeinde, Ihrer Stadt, bei einer Partei oder einer Organisation, deren Überzeugungen Sie teilen. Gehen Sie doch einfach mal beim Büro des Ortsverbands der Partei vorbei, die Sie interessiert, und sammeln Sie auf Bürgerversammlungen und Infoabenden, zu denen die Parteien einladen, Informationen.

»Dafür setze ich mich ein!«: Vereine und Initiativen unterstützen

In jeder Stadt, jedem Stadtteil oder Dorf gibt es Vereine und Initiativen, die sich für die unterschiedlichsten politischen Belange und Ziele einsetzen und immer zusätzliches Engagement gebrauchen können. Oder Sie schreiben im Internet selbst einen Blog zu dem Thema, das Ihnen auf den Nägeln brennt, und finden darüber Gleichgesinnte, mit denen Sie gemeinsam etwas bewegen können.

»Da hab ich Gemeinderatssitzung«: Kirchliches Engagement

Auch in der Kirche können Sie auf vielfältige Weise aktiv werden. Sie können Kirchenführungen machen oder in der Funktion des Presbyters beispielsweise zusammen mit den Pfarrerinnen und Pfarrern ehrenamtlich die Gemeinden leiten. Wenn die Arbeit Ihrer Kirchengemeinde für Sie eine Option ist, rufen Sie doch einfach mal im Pfarrbüro an oder machen Sie einen Termin mit dem Pfarrer und fragen, was es an Aufgaben und Ämtern in Ihrer Gemeinde gibt. Auf der Seite www.ehrenamt-kirche.de finden Sie ebenfalls viele Anregungen und Infos rund um das kirchliche Ehrenamt.

»Nehmen Sie bitte Ihren Platz ein«: Bei Konzerten helfen

In einem Konzert- oder auch Theaterteam sorgen Sie meist ehrenamtlich dafür, dass sich die Konzertbesucher wohlfühlen, sich im Gebäude zurechtfinden und an die Regeln des Konzertbetriebs halten. Sie können selbst die Konzert- und Theateraufführungen genießen und haben viel Kontakt mit Menschen und den anderen Mitarbeitern im Team. Wenn Sie sich für eine solche Tätigkeit interessieren, wenden Sie sich am besten an das Theater oder Konzerthaus, in dem Sie gern tätig werden würden.

»Ich bin der Bufdi«: Bundesfreiwilligendienst im kulturellen Bereich

Der Bundesfreiwilligendienst ist nicht nur etwas für junge Leute – wer sich im sozialen, ökologischen oder auch im kulturellen Bereich engagieren möchte, kann dies in jedem Alter tun. Kunstvereine, Galerien oder Stiftungen greifen gern auf die Unterstützung von »Bufdis« zurück, die ein monatliches Taschengeld erhalten. Wo Bufdis gebraucht werden und alle relevanten Informationen dazu finden Sie auf der Seite www.bundesfreiwilligendienst.de. Dort ist auch eine Datenbank, in der Sie nach Wohnort und dem Stichwort Ihres Wunscheinsatzgebiets suchen können.

Und? Ist etwas für Sie dabei? Wenn ja, prima. Wenn noch nicht, hoffe ich, Ihnen eine Idee davon gegeben zu haben, wo Sie auf Ihrer Suche ansetzen können. Wenn Sie die Augen und Ohren offen halten und Ihren Interessen und Fähigkeiten folgen, werden Sie über kurz oder lang den richtigen Aufgabenbereich für sich finden. Im Anhang finden Sie alle hier erwähnten Institutionen noch einmal übersichtlich zusammengestellt und darüber hinaus weitere Adressen, wo Sie spannende Themen und Aufgaben entdecken können.

Stück für Stück das Puzzle zusammensetzen

Nun – wie sieht Ihre Ideen-Tabelle (siehe Seite 128) inzwischen aus? Gibt es mehrere Themen, die Sie interessieren und bei denen Sie sich vorstellen können, sich zu engagieren? Dann gehen Sie folgendermaßen vor:

1. Ordnen Sie Ihre Ideen. Diejenige, die Sie am meisten anspricht und bei der Sie schon beim bloßen Drandenken Freude spüren, wird Ihre Nummer 1. Die Zweitinteressanteste die Nummer 2 und so weiter. Schreiben Sie die Nummern in die erste Spalte.

2. Der dritten Spalte geben Sie die Überschrift »Ziel«. Überlegen Sie, welche Absicht Sie mit der jeweiligen Tätigkeit verfolgen. Zum Beispiel, dass Sie sich hier sinnvoll engagieren können oder später in diesem Bereich arbeiten möchten. Damit führen Sie sich Ihre Motivation noch einmal vor Augen.

3. Sammeln Sie anschließend im Internet, per E-Mail-Anfrage oder am Telefon in der Reihenfolge Ihrer Favoriten alle Informationen, die Sie bekommen können, und schreiben Sie diese

in die vierte Spalte. Sie trägt die Überschrift »Infos«. Falls Sie sich für Coaching, eine Beratungstätigkeit, eine Ausbildung oder ein Studium interessieren – viele Institutionen bieten regelmäßig Informationsveranstaltungen an. Das ist eine ideale Möglichkeit, sich einen persönlichen Eindruck vom Ort der Ausbildung und oft auch schon von den Dozenten, mit denen Sie es später zu tun haben würden, zu verschaffen. Sie können Ihre Fragen stellen und bekommen ein Gefühl dafür, ob die Ausbildung wirklich etwas für Sie ist.

4. Die Voraussetzungen, die Sie für Ihr Vorhaben benötigen, kommen in die Spalte »Vorbereitung« daneben. Denken Sie dabei an folgende Dinge:

- Was müssen Sie für die Ausübung der Tätigkeit mitbringen? Brauchen Sie einen bestimmten schulischen Abschluss? Reicht zu Hause ein Schreibtisch oder ist ein richtiger Arbeitsplatz nötig? Was müssen Sie vorher tun?
- Wie viel Zeit müssen Sie investieren?
- Ist eine finanzielle Investition (zum Beispiel bei einer Weiterbildung) erforderlich? Wenn ja – wie hoch ist diese?
- Können Sie in die Tätigkeit vielleicht auch erst mal »hineinschnuppern«, indem Sie einen oder auch mehrere Tage dabei sind? Vielleicht sogar ein kurzes Praktikum machen?

So könnte die Tabelle nun zum Beispiel aussehen:

Nr.	Interessant	Ziel	Infos	Vor-bereitung	
2.	Jobpate	jemanden sinnvoll unterstützen und Erfahrung weitergeben	regelmäßige Verpflichtung		
3.	Granny-Aupair	in Frankreich leben, was ich schon immer mal wollte		Sprach-kenntnisse wieder aktivieren	
1.	Zeit für mich und die Familie	Qualitätszeit genießen. Entspannung, mehr Sport machen und mich spontan für Reisen und Verabredungen entscheiden. Und endlich mein Buch schreiben!	Muss ich mir genau überlegen, wie ich meine Zeit einteilen will, und mit der Familie absprechen …		
4.	Gestalttherapie	später damit Geld verdienen	Ausbildung bei Intermedia wäre mein Favorit. Dauert aber ein Jahr (Wochen-enden!) und kostet …		

Womit Sie die sechste Spalte füllen, erzähle ich Ihnen später. In jedem Fall haben Sie jetzt schon eine kompakte Übersicht über das, was für Sie in Frage kommt. Für Sie! Aber was will eigentlich Ihr Lebensmensch? Wie stellt er sich seine Zukunft an Ihrer Seite vor? Ohne ihn können und dürfen Sie keine Entscheidung treffen, wenn Ihnen Ihre Beziehung wichtig ist. Ist sie das? Dann kommen Sie mit zum vierten Kapitel.

KAPITEL 4

Was denkt und will Ihr Lebensmensch?

Wenn Sie in einer Beziehung leben, sind die Vorstellungen Ihres Partners oder Ihrer Partnerin vom gemeinsamen Alltag genauso wichtig wie Ihre. Welche Schwierigkeiten können im Zusammenleben entstehen, wenn Sie neue Pläne haben oder zu ganz anderen Zeiten als gewohnt zu Hause sind? Und wie können Sie diese lösen oder von vornherein vermeiden? Und auch neue Seiten und Qualitäten Ihrer Partnerschaft entdecken? Um diese Themen wird es hier gehen.

Gedankenverloren wischt Renate Lohse über den Tisch und erschrickt heftig, als sie einen Schatten bemerkt. Ihr Mann Heinrich ist ins Wohnzimmer gekommen. »Ich wohne hier«, entgegnet der in den Ruhestand versetzte Direktor entrüstet. »Aber doch nicht jetzt! Um diese Zeit!«, empört sich seine Frau.

Eine der wunderbaren Szenen in Loriots Klassiker ›Pappa ante Portas‹. Der in den Vorruhestand geschickte Generaldirektor Heinrich Lohse, plötzlich mit viel zu viel Zeit konfrontiert, organisiert den Haushalt als Familienunternehmen neu, kauft – als ehemals guter Kaufmann – palettenweise Senfgläser mit Mengenrabatt und liest seiner Frau die Gebrauchsanleitung für den neuen Mixer vor. Bis sie ihn entnervt mit »nun gib mir das her, setz dich ins Wohnzimmer und mach bitte mal nichts« unterbricht.

Mag die Darstellung bei aller Komik auch überspitzt sein: Besser lässt sich kaum auf den Punkt bringen, wie sehr eine Partnerschaft durch den Ruhestand aus dem Gleichgewicht geraten kann. Schließlich muss man sich in der ungewohnten Konstellation ja erst mal neu sortieren und zurechtrütteln. Haben Sie sich schon einmal gefragt, wie Sie Ihre Beziehung gestalten wollen, wenn Sie im Ruhestand sind? Möchten Sie dann mehr Zeit mit Ihrem Partner oder Ihrer Partnerin verbringen? Und will er oder sie das auch? Was bedeutet das für Ihre neuen Pläne? Oder auch für die Pläne Ihres Lebensmenschen? Und wie gehen Sie künftig mit den anstehenden Aufgaben um?

Der Beginn des Ruhestands bietet die große Chance, Ihren Partner, Ihre Liebe, das Vertrauen und die Kostbarkeit der vertrauten Gemeinschaft wieder ganz neu zu entdecken. Viele Paare aber machen sich keine Gedanken darüber, wie das gemeinsame Leben im Ruhestand aussehen könnte, und schon gar nicht, wie es sich anfühlen soll. Und sind dann überrascht, wenn es zu Beginn der neuen Lebensphase knirscht und auch mal richtig kracht.

1 Wenn einer ständig zu Hause ist

Mehrere Konstellationen sind denkbar: Vielleicht gehen Sie und Ihr Partner/Ihre Partnerin gleichzeitig in Ruhestand. Vielleicht ist er/sie schon zu Hause und Sie stoßen nun dazu. Vielleicht gehen zuerst Sie in Ruhestand und Ihr Partner/Ihre Partnerin arbeitet weiter. Aber egal, ob Sie beide zu Hause sind oder auch nur einer von Ihnen: Es kommt unweigerlich zu einer kompletten Veränderung Ihrer gesamten Lebensumstände. Hat man früher gemeinsam im Arbeitsdress gefrühstückt und sich über berufliche Themen und den diplomatischsten Umgang mit den Chefs ausgetauscht, kommt jetzt vielleicht einer im Schlafanzug an den Tisch und verkriecht sich hinter der Zeitung.

Es kann aber auch sein, dass ein Partner neidisch darauf ist, dass der andere nun mit seiner Zeit machen kann, was er will. Schließlich würde man selbst gern mehr Zeit für sich und die eigenen Hobbys haben. Neidgefühle gesteht man sich nicht gern zu. Und in der Beziehung schon gar nicht. Wenn Ihr Partner aber ständig an Ihnen herumnörgelt und Sie das Gefühl haben, dass Neid ein Motiv sein könnte – sprechen Sie dies um Ihrer Beziehung willen offen und ohne Vorwürfe an.

Neidgefühle sind menschlich und berechtigt. Und Neid in der Partnerschaft ist weder ein Zeichen von mangelnder Liebe noch führt er zwangsläufig zur Entzweiung. Das tut er nur dann, wenn die Neidgefühle verleugnet werden. Für Ihren Partner ist es oft schon eine Entlastung, wenn er erlebt, dass seine Neidgefühle einen Raum haben und von Ihnen nicht verurteilt werden. Hilfreich kann auch sein, wenn Sie ihn darauf hinweisen, dass Sie Ihre Zeit bald – wenn Sie beide im Ruhestand sind – gemeinsam genießen werden. Und falls Sie – umgekehrt – neidisch auf die Berufstätigkeit Ihres Partners sind: Finden Sie heraus, was genau Ihnen fehlt und Ihren Neid auslöst. Und suchen Sie Ihre neuen Inhalte dann so aus, dass Sie dort genau das finden, was Sie vermissen.

Wenn die Routine gestört wird

Jede gute Beziehung lebt vom ausgewogenen Verhältnis zwischen Nähe und Distanz. Wenn beide Partner berufstätig sind beziehungsweise jeder seine Aufgaben und eigenen Bereiche hat, ist diese Balance automatisch vorhanden. Aber es gibt Zeiten im Leben, in denen sie nicht nur ins Schwanken, sondern völlig aus dem Lot gerät. Bestimmt haben Sie dies auch schon einmal erlebt. Das Zusammenziehen zum Beispiel ist häufig so eine schwierige Phase. Plötzlich verbringt man mit dem Partner viel mehr Zeit, als man es gewohnt ist, und die vertrauten Routinen beginnen zu bröckeln. Die Geburt eines Kindes – so freudig dieses Ereignis auch ist – gehört dazu wie auch der Beginn des Ruhestands. Denn nun sind Sie nicht mehr acht bis zwölf Stunden außer Haus, sehen sich morgens und abends kurz und am Wochenende länger. Jetzt sind Sie wirklich die meiste Zeit gemeinsam mit Ihrem Partner und vielleicht auch den Kindern, wenn diese noch zu Hause sind, unter einem Dach.

Ruhestand bedeutet daher meistens auch viel (ungewohnte) Nähe. Und damit umzugehen ist nicht einfach. Es ist also nur normal, dass es zu einer der großen Herausforderungen dieser neuen Lebensphase gehört, sich wieder aneinander zu gewöhnen.

Retired Husband Syndrome

Frauen, deren Männer sich im Ruhestand weigern, im Haushalt mitzuhelfen, oder, im Gegenteil, sich dort plötzlich mehr als früher betätigen wollen, ohne dass die Frauen selbst es möchten, geraten häufig unter Spannung. Es kommt zu Konflikten und Streit, wenn das Geschirr nicht an seinem gewohnten Platz steht, der Staubsauger »falsch« abgestellt ist und die Küche so oberflächlich geputzt wurde, dass man es hinterher gleich noch einmal machen muss. Der Stress, unter dem zumeist Frauen in einer solchen Situation leiden, hat sogar einen Namen: Er wird »Retired Husband Syndrome«, »Pensionierter-Ehemann-Syndrom«, genannt. Man sollte möglichst offen mit ihm umgehen, indem der betroffene Partner den Wunsch äußert, seine gewohnten Routinen weiter ungestört einhalten zu können. Und der andere diesem Wunsch nachkommt und sich grundsätzlich nicht gegen den Willen des Partners in dessen Bereiche einmischt. Man kann die Zuständigkeiten natürlich auch besprechen und eventuell neu aufteilen.

Unter Umständen fühlt sich Ihr Partner dort, wo er vorher seine Kreise alleine ziehen konnte, überwacht und kontrolliert. Seine Privatsphäre ist nicht mehr dieselbe wie zuvor. Andersherum gilt das natürlich auch für Sie. Vor allem dann, wenn Sie Ihren Beruf als Ausgleich zum Familienleben empfunden haben, als einen eigenen Bereich, zu dem Ihr Partner keinen Zutritt hatte und in dem Sie Ihre ganz persönlichen Ziele verfolgen und Entscheidungen treffen konnten. Was nun komplett wegfällt.

Unter neuen Vorzeichen

Gewohnheiten und Rituale prägen in vielen Beziehungen den Tages- und Wochenablauf: vom Aufstehen über die Badbenutzung, den Zeitpunkt und die Art des Frühstücks bis zum gemeinsamen Abendessen. Jeder Partner hatte über Jahre hinweg eigene Zeitpläne und verschiedene Aufgaben, die gut miteinander harmonierten und durch die vertraute Struktur Sicherheit gaben. War der eine mehr für den Haushalt zuständig, kümmerte sich der andere um die Steuererklärung, Reparaturen und den Papierkram.

Wenn eine Beziehung überwiegend von Ritualen und Gewohnheiten, die sich während der Berufstätigkeit entwickelt haben, zusammengehalten wird, ist es nicht überraschend, dass der eingespielte Zeitplan nicht mehr funktioniert, sobald sich die Randbedingungen geändert haben. Plötzlich gibt es häufiger Streit und Konflikte bei Themen, die früher nebenbei gelöst wurden, weil andere Dinge wichtiger waren. Nun aber geraten sie in den Vordergrund und können unverhältnismäßig groß werden.

Der beste Weg, Konflikte zu vermeiden und Ihr Gefühl für Zusammengehörigkeit zu stärken, ist, dass jeder Partner für sich seine liebgewordenen Rituale so weit wie möglich beibehält und Sie unter veränderten Vorzeichen neue für die Zweisamkeit entwickeln. Das kann der kurze morgendliche Kaffeetreff vor dem Verlassen des Hauses sein, der Marktbesuch am Samstag oder auch der Spaziergang am Abend vor dem Schlafengehen.

Wenn Sie merken, dass Sie mit Ihrem neuen Lebensabschnitt Schwierigkeiten haben, antriebslos oder vielleicht sogar depressiv sind und sich über einen längeren Zeitraum mit Ihrem Partner streiten, holen Sie sich Hilfe. Eine neutrale Person wie ein Coach, ein Psychologe oder ein Therapeut kann Ihnen dabei helfen, sich Ihrer eigenen Bedürfnisse bewusst zu werden. Und mit Ihrem Partner auf eine neue Art umzugehen, indem Sie einander wieder besser zuhören, lernen, wie Sie Ihre Wünsche angemessen formulieren und auch Kompromisse schließen. Sie können so gemeinsam neue Perspektiven entwickeln und alte, belastende Konflikte in einem geschützten Rahmen aufarbeiten.

Mila, 67 Jahre, war kaufmännische Angestellte und ist Autorin:

»Früher dachte ich, ich führe ein Rentnerleben. Jetzt ist es umgedreht – ich fühle mich immer ein bisschen gehetzt. Dadurch, dass mein Mann jetzt zu Hause ist, habe ich mehr Arbeit. Weil ich mehr koche, im Haushalt mehr tue, wir mehr Gäste haben, und ich weiß nicht was alles. Bis dahin war ich freiberufliche Autorin und gleichzeitig bei meinem Mann angestellt. Ich habe seine Bürosachen gemacht, halt alles, was anlag. Das mache ich weiterhin, schreiben natürlich auch. Dazu habe ich noch einige Ehrenämter, eines davon ist Menschen im Pflegeheim zu betreuen. Insgesamt ist alles eher mehr als weniger geworden. Viele unserer Freunde sind in den Wintermonaten auf warmen Inseln oder machen schöne Reisen. Manchmal denke ich, das hätte ich jetzt auch gern, statt diesen ganzen Ballast von Bürokram und Haushalt an der Backe zu haben. Es liegt natürlich auch an mir. Wenn wir Gäste haben, will ich es besonders schön haben und hole dann das gute Geschirr aus den hinteren Ecken. Mein Mann ist in diesen Dingen weniger perfektionistisch und würde sich schon deshalb nicht so viel Arbeit machen.

Als mein Mann pensioniert wurde, war das ein richtiger Einschnitt. Ich hatte vorher drei Tage in der Woche Freiheit und die Wohnung war so, wie ich sie haben wollte. Jetzt war er jeden Tag zu Hause. Da er sehr chaotisch ist und ich das andere Extrem bin, habe ich mit seiner Unordnung Probleme gehabt. Das ist auch immer noch ein Thema zwischen uns. Mein Mann gibt sich zwar Mühe, aber er sieht die Dinge einfach nicht. Trotzdem ist unsere Beziehung in den letzten Jahren sehr viel enger, wärmer und liebevoller geworden, weil wir an ihr und uns gearbeitet haben, und ich kann das, was mich nervt, inzwischen ganz gut akzeptieren.«

Die Balance zwischen Nähe und Distanz

Manchmal stellt auch die Erwartungshaltung an die gemeinsamen Aktivitäten die Beziehung auf die Probe. Weil sie viel zu hoch ist. Nachdem man so viel Lebenszeit nicht miteinander verbringen konnte, möchte man nun endlich Verpasstes nachholen und plant nonstop Unternehmungen zu zweit. Zu viel Nähe aber ist Gift für fast jede Beziehung. Sie führt schnell dazu, dass sich ein Partner unter Druck gesetzt, kontrolliert oder eingeengt fühlt. Achten Sie daher darauf, dass jeder von Ihnen sein Leben auch weiterhin so individuell wie möglich gestalten kann. Abgesehen davon, dass Selbstbestimmung ein zutiefst existentielles Bedürfnis ist, bringen unterschiedliche Lebensinhalte auch neue Impulse und Gesprächsstoff in die Beziehung. Worüber sollten Sie sich denn auch noch unterhalten, wenn Sie Tag und Nacht alles zusammen erleben? Im Englischen gibt es den Spruch: »How can I miss you if you won't go away?« Gönnen Sie sich Ihre Freiräume und Unabhängigkeit. Das, was Sie getrennt voneinander erleben, bereichert und belebt Ihre Beziehung.

Beziehung ist immer auch ein Geschäft …

… und Liebe immer auch eine Verpflichtung. Paare, die glücklich zusammenleben, tun es meist deshalb, weil sie viele Gemeinsamkeiten, aber auch Eigenheiten haben und sich daher bestmöglich ergänzen. Und auch, weil sie ganz pragmatisch bestimmte Regeln, Verhaltensweisen und gegenseitige Erwartungen klären und Vereinbarungen für das Zusammenleben treffen. Im Ruhestand geht es dabei im Wesentlichen um die Fragen »Verbringen wir jetzt mehr Zeit miteinander?«, »Wie wollen wir diese Zeit gestalten?« und »Wie verteilen wir die Aufgaben neu?«

Karoline, 76 Jahre, war Lehrerin an einer Grund- und Hauptschule:

»Ich bin mit 57 Jahren – also eigentlich sehr jung – in den Ruhestand gegangen. Die Arbeit, vor allem auch mit den größeren Kindern, hat mir viel Spaß gemacht. Aber ich war dann auch froh, als der Stress vorbei war. Als Lehrerin werden die Nerven doch ganz schön strapaziert. Abgesehen davon habe ich ja auch viel in meinem Leben gemacht. Ich war fünf Jahre in England, Frankreich und den USA, immer voll berufstätig. Ich denke, irgendwann ist man dann auch verbraucht. Das merke ich jetzt ein wenig.

Ich fand es sehr schön, mit Beginn meines Ruhestands ein bisschen mehr für meinen Mann da sein zu können. Wir hatten bisher ja nicht viel Freizeit zusammen gehabt, eigentlich nur die Wochenenden. Weil er meistens spät abends nach Hause kam. Als mein Mann dann auch im Ruhestand war, gab es nicht einen Tag, an dem er mir auf die Nerven ging oder mich in meinem Alltag störte. Im Gegenteil: Wir waren beide glücklich, dass wir nun endlich mehr Zeit füreinander hatten.

Wenn beide Partner im Ruhestand sind, finde ich es auch wichtig, dass jeder seinen eigenen Bereich hat. Dass man sich auch mal trennt und jeder seiner Wege gehen kann. Ich gehe zum Beispiel gern ins Konzert oder Theater und mein Mann macht lieber Sport. Wir haben uns nie eingeengt und immer Verständnis füreinander gehabt. Wir trennen uns und treffen uns wieder. Und das ist dann einfach nur schön.«

2 Partnerschaft will Kommunikation

Ihre gegenseitigen Vorstellungen, Wünsche und Erwartungen vom künftigen Zusammenleben sollten Sie offen besprechen, abgleichen und dort, wo es nötig wird – Stichwörter: Freiraum, Gemeinsamkeiten und Aufgabenverteilung im Alltag –, neu verhandeln. Vor allem dann, wenn Sie für Ihren Ruhestand ein neues Projekt ins Auge gefasst haben, das Zeit, Geld und Ihren persönlichen Einsatz erfordert. Für Sie mag es genau das Richtige sein – Ihr Partner aber kann ein Problem damit haben.

Ein Beziehungsgespräch ist für viele Menschen eine heikle Angelegenheit. Schließlich geht es nicht um die Anschaffung eines neuen Staubsaugers oder Sofas, sondern um nichts Geringeres als die existentielle Frage der gemeinsamen Lebensgestaltung. Der »Was ich mir jetzt für uns wünsche«-Leitfaden auf den folgenden Seiten unterstützt Sie dabei, sich auf alle wesentlichen Punkte in einem solchen Gespräch vorzubereiten und auch später auftauchende anzusprechen.

»Was ich mir jetzt für uns wünsche«

Führen Sie das Gespräch über Ihre Beziehung nicht nebenbei. Dafür ist es viel zu wichtig, es geht schließlich um die Grundlage Ihrer Partnerschaft und damit um Ihre gemeinsame Zukunft. Machen Sie einen richtigen Termin daraus, den Sie sorgfältig planen, indem Sie das Datum gut auswählen und sich (ebenso wie Ihr Partner bzw. Ihre Partnerin) anhand des Leitfadens schon einige Tage oder Wochen vorher darauf vorbereiten. So kann sich jeder von Ihnen im Vorfeld des Gesprächs ganz in Ruhe mit den Fragen beschäftigen. Dann setzen Sie sich an einem Ort zusammen, den Sie beide mögen – vielleicht verbinden Sie das Gespräch mit einem Wochenende in einem schönen Hotel? –, und tauschen dort Ihre Antworten aus. Ziel des Gesprächs ist, dass Sie ein konkretes Bild davon bekommen, was sich Ihr Partner in den nächsten Jahren wünscht, und auch er weiß, wie Sie sich die kommenden Jahre vorstellen.

Verständigen Sie sich vorab auf Regeln, damit sich das Gespräch nicht in Richtung Vorwürfe oder eine Abrechnung à la »du hast schon immer …« entwickelt. Vereinbaren Sie auch, dass Sie sich gegenseitig auf Regelverletzungen hinweisen dürfen. Dann muss niemand von Ihnen gekränkt sein, falls er deswegen unterbrochen wird. Regeln können zum Beispiel sein:

- Wir sind ehrlich und dürfen alles offen ansprechen
- Wir lassen uns gegenseitig ausreden
- Wir kritisieren uns nicht
- Wir machen uns keine Vorwürfe und verletzen uns nicht
- Wir sprechen nur von unseren eigenen Gefühlen

Vom Ablauf her hat sich bewährt, nacheinander die gegenseitigen Wünsche und Erwartungen vorzutragen. Und dem Partner nicht ins Wort zu fallen – auch wenn es Ihnen vielleicht schwerfällt, weil Sie sofort eine Idee haben, wie man ein Thema lösen könnte.

Erst wenn Sie beide Ihre jeweiligen Erwartungen gehört haben, gehen Sie ins Detail. Punkt für Punkt gleichen Sie Ihre Vorstellungen ab, machen einen Haken daran oder finden eine Kompromisslösung, mit der Sie beide gut leben können. Für manche Themen können Sie auch eine Art Probezeit vereinbaren. Wenn sich Ihr Partner zum Beispiel nun jeden Morgen ein gemeinsames Frühstück wünscht, Sie aber gern morgens Ihre Kreise alleine ziehen, dann frühstücken Sie vielleicht nur zweimal in der Woche und am Wochenende zusammen und beobachten, wie sich dieses Modell im Alltag bewährt. Wenn es gut klappt – prima. Wenn nicht, probieren Sie eine andere Variante.

Überlegen Sie dort, wo Sie in Ihren Vorstellungen weit voneinander abweichen, wie Sie trotzdem eine gemeinsame Ebene finden können. Falls Ihr Partner Befürchtungen bezüglich Ihrer Pläne hat, sei es, dass Sie plötzlich mehr im Haushalt übernehmen oder jeden Abend etwas zusammen unternehmen möchten, während er lieber fernsehen würde – was können Sie ihm anbieten? Seien Sie aber auch so ehrlich und mutig zu sagen, wo Sie von Ihren Vorstellungen nicht abweichen wollen. Weil Sie vielleicht jahrelang wegen Ihres Arbeitsalltags darauf verzichten mussten. Das Ausschlafen kann so ein Punkt sein. Oder das nachmittägliche Einschalten des Fernsehers. Vielleicht brauchen Sie es ja auch nur für eine gewisse Zeit, so lange, bis Sie sich an diesem Punkt »satt« fühlen. Und dann erledigt er sich von alleine.

Wenn im Gespräch heikle Themen anstehen, denken Sie gemeinsam darüber nach, welche schwierigen Situationen Sie früher hatten und wie Sie diese gemeistert haben. Und setzen Sie sich nicht unnötig unter Druck. Wenn Sie spüren, dass Sie im Moment nicht weiterkommen, setzen Sie das Gespräch zu einem anderen Zeitpunkt fort.

»Was ich mir jetzt für uns wünsche« – Gesprächsleitfaden

1. An unserer Beziehung gefällt mir:

_____

_____

2. Meine Hoffnungen und Erwartungen sind (zum Beispiel mehr Zeit miteinander verbringen, Unterstützung, neue Inhalte etc.):

_____

_____

3. Meine Befürchtungen und Ängste sind (zum Beispiel dass sich der Partner zu sehr in den eigenen Bereich einmischt; dass man noch weniger Zeit für die eigenen Interessen hat …):

_____

_____

4. Unsere gemeinsame Zeit zu Hause stelle ich mir so vor (Qualitätszeit für uns, Zeit für mich, Enkel betreuen, etc.):

_____

_____

5. Folgende Rituale fände ich für uns schön (zum Beispiel gemeinsam frühstücken, auf den Markt gehen, der tägliche Abendspaziergang ...):

_____

_____

6. Diese Aufgaben möchte ich gern neu verteilen und habe folgende Vorschläge:

_____

_____

7. Ein gemeinsames Hobby könnte sein:

_____

_____

8. Beginnen könnten wir damit am _____ (Zeitpunkt) und uns ihm _____ Mal pro Woche/Monat widmen.

9. Als neue Projekte und gemeinsame Ziele sehe ich kurzfristig für uns (auch, was wir schon immer einmal unternehmen wollten):

_____

_____

10. Langfristige Projekte und Ziele könnten sein:

_____

_____

11. Finanziell heißt die gemeinsame Zeit im Ruhestand für mich (muss Geld freigemacht oder zurückgelegt werden?):

_____

_____

12. Meine Ideen zur finanziellen Lage beziehungsweise Einteilung des Geldes (sind größere Anschaffungen oder Reisen geplant? Brauchen die Kinder beziehungsweise Enkel Unterstützung?):

_____

_____

13. Ganz grundsätzlich wünsche ich mir von dir …

_____

_____

14. Von uns wünsche ich mir, dass wir …

_____

_____

15. Was mir sonst noch ein Anliegen ist:

_____

_____

Sollten Sie feststellen, dass sich Ihre Vorstellungen von der gemeinsamen künftigen Lebenszeit sehr stark voneinander unterscheiden und Sie sich in den letzten Jahren vielleicht auseinandergelebt haben, kann professionelle Unterstützung in Form einer Beratung oder Paartherapie sinnvoll sein. Vorausgesetzt natürlich, dass Ihnen an Ihrer Beziehung liegt.

Ihre neue Lebensphase bietet Ihnen die einmalige Chance, Ihrer Partnerschaft neue Impulse zu geben. Hier sind noch einmal stichpunktartig die Zutaten für eine glückliche, lebendige, interessante und liebevolle Beziehung:

- Nehmen Sie sich schon rechtzeitig vor Ihrem Ruhestand die Zeit, um Ihre gegenseitigen Erwartungen, Pläne und Ideen für die neue Lebensphase abzuklären. Suchen Sie nach Lösungen vor allem dort, wo die Erwartungen weit auseinandergehen. Das gilt übrigens auch für Ihre Kinder, die vielleicht denken, dass Sie nun mehr auf die Enkel aufpassen könnten. Wenn dies in Ihrer Planung nicht vorkommt, dann sagen Sie es auch.

- Alles, was Sie tun, betrifft Sie und Ihren Partner oder Ihre Partnerin. Wenn Sie daher den gemeinsamen Lebensstil oder die Alltagsroutine verändern möchten, sprechen Sie es an. Verändern Sie nichts, ohne dass Ihr Partner oder Ihre Partnerin damit einverstanden ist oder Sie einen akzeptablen Kompromiss gefunden haben.
- Vereinbaren Sie, dass Sie alles, womit sich einer von Ihnen nicht wohlfühlt, ansprechen. So verhindern Sie, dass sich nicht geäußerter Ärger zu Groll entwickelt und später in einer völlig anderen und absolut banalen Situation unverhältnismäßig stark entlädt.
- Überlegen Sie gemeinsam, ob die anstehenden Aufgaben neu verteilt werden sollen. Und wenn ja, wie eine sinnvolle und gerechte Aufteilung aussehen kann.
- Gemeinsame Interessen oder ein gemeinsames Hobby tun jeder Partnerschaft gut. Überlegen Sie daher, was Sie regelmäßig gemeinsam machen können. Vielleicht finden Sie eine Sportart, die Sie beide interessiert und ohne Leistungsdruck (»ich kann nicht mithalten«) ausgeübt werden kann. Oder Sie planen Entspannungszeiten mit langen Spaziergängen oder gegenseitigen Massagen. Die Sie auch gemeinsam in einem Kurs lernen können.
- Achten Sie unbedingt darauf, dass jeder von Ihnen genug Freiraum und eigene Bereiche hat, die den jeweiligen Bedürfnissen entsprechend gestaltet werden können. Pflegen Sie Ihre Kontakte mit allen Terminen und Verabredungen, die dazugehören. Und gestehen Sie dies auch Ihrem Partner zu. Sprechen Sie sich dort, wo es zu Überschneidungen mit den Interessen Ihres Partners kommt, ab. Sobald Sie das Gefühl haben, dass Ihre Bedürfnisse bezüglich eigener Themen zu kurz kommen, sprechen Sie es an. Sie können sich auch Bereiche in der Wohnung ausbitten, die zu bestimmten Zeiten oder

wenn Sie Ihre Ruhe brauchen, nur Ihnen gehören. Hängen Sie dann wie im Hotel ein »Bitte nicht stören«-Schild an die Tür. Dann sind die Signale klar.

- Der Anfang Ihres gemeinsamen Lebens im Ruhestand kann, wie es bei Anfängen so oft der Fall ist, holperig sein. Erwarten Sie keine Perfektion, seien Sie nachsichtig mit sich und Ihrem Lebensmenschen. Sie beide erleben diese Lebensphase schließlich zum ersten Mal miteinander. Und dürfen üben. Und wenn Sie sich gegenseitig daran erinnern, stets mehr auf die positiven als auf die negativen Seiten Ihrer Partnerschaft zu blicken, wird Ihre Beziehung an Tiefe gewinnen und Sie mit einem bisher vielleicht nie erlebten Glück beschenken.

KAPITEL 5

Schauen und schnuppern Sie. Und bleiben Sie flexibel!

»Grau ist alle Theorie und grün des Lebens goldner Baum«: Prüfen Sie, wie sich Ihre Ideen, die auf dem Papier so überzeugend wirken, in der Praxis anfühlen. Jede Erfahrungskurve, die Sie jetzt mitnehmen, ist ein wichtiges Stück auf dem Weg zu dem, was Sie zukünftig möchten. Sie setzen sich mit den Chancen und Risiken Ihres Vorhabens auseinander und entwerfen einen Plan, wie Sie ihn Schritt für Schritt in die Tat umsetzen können.

Sie haben sich nun intensiv mit Ihren Wünschen beschäftigt und wissen jetzt auch, wie sich Ihre Partnerin oder Ihr Partner die gemeinsame Zukunft vorstellt. Fassen Sie daher für sich selbst noch einmal kurz zusammen:

1. Was möchten Sie in Ihrem Ruhestand auf jeden Fall beibehalten? Vielleicht Ihre generelle Zeithoheit? Oder das Gefühl der Freiheit?

_____

_____

2. Wofür möchten Sie sich unbedingt viel Zeit reservieren?

_____

_____

3. Was möchten Sie auf gar keinen Fall mehr? Zum Beispiel ständig feste Verpflichtungen haben, sich in ein Team einfügen, einem festen Zeitplan folgen oder morgens früh aufstehen?

_____

_____

4. Wie viel Zeit sind Sie bereit, in einzelne Aktivitäten – ein Ehrenamt, eine Arbeit oder die Betreuung der Enkel – zu investieren?

täglich bis zu	_____	Stunden
wöchentlich zwischen	_____	Stunden
monatlich nicht mehr als	_____	Stunden

5. Wenn Sie Ihrem Ruhestand eine Überschrift geben würden – wie würde sie lauten?

_____

_____

1 Das fühlt sich gut an. Das leider nicht.

Mit Ihren Antworten auf die fünf Fragen haben Sie sich gerade noch einmal bewusst gemacht – auch in Bezug auf Ihre Partnerschaft – was Sie aktuell wollen und was Sie überhaupt nicht mehr möchten. Und auch, wie viel Zeit Sie bereit sind, in ein neues Projekt zu investieren. Damit haben Sie einen inneren Kompass aus Werten, Wünschen und Visionen, der Sie zu Ihren persönlichen Zielen führt.

Wenn Sie nun auf Ihre Ideen-Tabelle (siehe Seite 148) schauen, können Sie die Anforderungen Ihrer favorisierten Tätigkeiten mit Ihrem Wertekompass abgleichen. Ist Ihnen beispielsweise wichtig, am Wochenende Zeit mit Ihrem Partner zu verbringen, weil er noch arbeitet und Sie während der Woche wenig Zeit füreinander haben, dann wäre es kontraproduktiv, wenn Sie ein Ehrenamt übernehmen würden, bei dem Sie am Samstag oder Sonntag eine Verpflichtung hätten. Wenn Ihnen dieses Ehrenamt jedoch sehr am Herzen liegt, könnten Sie sich nochmals informieren, ob sich Ihr Einsatz eventuell auch an Ihre Bedürfnisse anpassen lässt. Vielleicht ist es möglich, dass Sie nur jedes zweite Wochenende Dienst haben? Wenn dies machbar ist und Ihr Partner damit auch einverstanden ist, haben Sie eine ideale Lösung gefunden. Wenn Sie in einem Zielkonflikt sind, dann lassen Sie Ihre Idee nicht gleich fallen, sondern überlegen Sie intensiv, welcher Weg zu Ihrem Ziel führen könnte.

Schauen Sie genau hin

Wenn Sie herausgefunden haben, dass Sie es ganz wunderbar finden, keine regelmäßigen Verpflichtungen mehr zu haben, dann kommt für Sie natürlich auch keine Tätigkeit in Frage, bei der Sie Ihre Zeit nicht frei einteilen können. Oder Sie haben gemerkt, dass Sie das Ausschlafen und ein gemütliches Frühstück mit ausgiebiger Zeitungslektüre genießen. Dann macht es auch keinen Sinn, dass Sie sich für eine Tätigkeit entscheiden, bei der Sie morgens um halb acht am Start sein müssen. Wenn auf Ihrer Ideenliste die Weiterbildung, vielleicht sogar ein Studium oder eine Ausbildung ganz oben steht, Sie aber auch familiäre Verpflichtungen haben, denen Sie nachkommen wollen oder müssen, dann ist die Frage, ob und gegebenenfalls wie sich das gut miteinander vereinbaren lässt. Wunderbar, wenn es möglich ist. Aber wenn nicht oder nur mit viel Knirschen, dann suchen Sie lieber noch ein wenig länger nach dem Passenden. Etwas, das zu große Kompromisse von Ihnen verlangt, würde Sie langfristig nämlich nur unzufrieden machen. Weil das zu kurz kommt, was Sie eigentlich nicht mehr beschneiden wollten: Ihre eigenen Bedürfnisse.

In Ihrer Tabelle gibt es ja noch eine sechste Spalte. Die bekommt nun die Überschrift »passt/passt nicht« und Sie schreiben dort hinein, warum sich diese Idee gut in Ihre Überlegungen fügt oder, im Gegenteil, eher nicht in Frage kommt. Oder zumindest zu diesem Zeitpunkt nicht. So setzen Sie sich noch einmal bewusst mit ihr auseinander und können sich leichter von ihr verabschieden. Ihre Lebenserfahrung hat Sie ja eh gelehrt: Es kann durchaus sein, dass sich die Umstände ändern und das Projekt dann wieder relevant wird.

So könnte die Tabelle am Schluss aussehen:

Nr.	Interessant	Ziel	Infos	Vorbereitung	passt/passt nicht
2.	Jobpate	jemanden sinnvoll unterstützen und Erfahrung weitergeben	regelmäßige Verpflichtung		grundsätzlich interessant, aber ich will mich nicht langfristig binden
3.	Granny-Aupair	in Frankreich leben, was ich schon immer mal wollte		Sprachkenntnisse wieder aktivieren	passt prima, vor allem, weil ich den Zeitraum selbst festlege
1.	Zeit für mich und die Familie	Qualitätszeit genießen. Entspannung, mehr Sport machen und mich spontan für Reisen und Verabredungen entscheiden. Und endlich mein Buch schreiben!	Muss ich mir genau überlegen, wie ich meine Zeit einteilen will, und mit der Familie absprechen …		passt eigentlich prima
4.	Gestalttherapie	später damit Geld verdienen	Ausbildung bei Intermedia wäre mein Favorit. Dauert aber ein Jahr (Wochenenden!) und kostet …		momentan leider einfach zu teuer

Anschauen, schnuppern, ausprobieren

Sie haben sich über mögliche Projekte und Vorhaben, die Sie im Ruhestand realisieren möchten, nun ausreichend Gedanken gemacht. Jetzt beginnt die Testphase. Prüfen Sie, ob sich das, was Sie sich in Ihrer Phantasie so schön vorstellen, auch in Wirklichkeit gut anfühlt.

Erlauben Sie sich auch, dass sich Ihre Vorhaben langsam entwickeln. Sie brauchen nichts zu überstürzen und zu erzwingen. Wenn sich ein Entwurf nicht als richtig oder passend herausstellt, können Sie auf Ihre Alternativen zurückgreifen. Oder es wird in der Zwischenzeit wieder etwas ganz Neues spruchreif, weil Sie einem inspirierenden Menschen begegnen oder etwas gelesen oder gesehen haben, das Sie spannend finden. Jede Überlegung, jede Erfahrung, die Sie jetzt machen, ist ein weiterer Schritt, um herauszufinden, was für Sie stimmt und wem Sie Ihre Zeit widmen möchten. Genießen Sie diesen Luxus, sich nicht sofort festlegen zu müssen, sondern immer wieder ausprobieren und aufmerksam beobachten zu können, wie sich das Leben mit Ihrer Idee anfühlt.

Wenn Sie sich beispielsweise für ein Studium interessieren, dann besuchen Sie Vorlesungen, bevor Sie sich einschreiben, gehen Sie in die Bibliothek und beschäftigen Sie sich einfach mal zwei Wochen intensiv mit den Inhalten Ihres zukünftigen Fachs. So, wie Sie es tun würden, wenn Sie tatsächlich studierten. Können Sie sich dazu motivieren? Haben Sie Freude daran? Fühlen Sie sich an der Uni wohl?

Beim Sport ist es genauso. Viele Vereine bieten Schnupperstunden an oder sind generell offen für neue Sportler. Gehen Sie zu den Disziplinen, die Sie interessieren, und probieren Sie sie aus. Und wenn Sie sich im Tierheim engagieren möchten, dann helfen Sie dort doch einmal mehrere Tage unverbindlich mit. Sie können (und sollten!) ganz offen sagen, dass Sie zunächst nur testen möchten, ob die Arbeit mit den Tieren wirklich etwas für Sie ist, bevor Sie sich zu einer Mithilfe verpflichten.

Folgen Sie einfach allen Hinweisschildern, die in Ihre Richtung zeigen. Nicht alle werden letztendlich zu Ihrem Ziel führen, aber jedes wird Sie Ihrem Ziel ein Stückchen näher bringen. Weil Sie sich unterwegs die Fragen »Will ich das wirklich?« und »Macht mich das glücklich und zufrieden?« stellen und beantworten.

2 Setzen Sie sich Ihr Ziel

Wenn Sie sich durch Schnuppern und Ausprobieren vergewissert haben, was Sie tun möchten, und es für Ihr Vorhaben nicht bei einem »Schön wär's schon« bleiben soll, dann sollten Sie ein konkretes Ziel damit verbinden. Ein Ziel ist wie ein Einkaufszettel oder der Grundriss eines Gebäudes: Es ist klar formuliert und schriftlich fixiert. Sie planen es und setzen sich dafür ein, dass Sie das, was auf Ihrem Zettel steht, auch wirklich bekommen. Und dann gehen Sie diesem Ziel Schritt für Schritt entgegen.

»Ach, Ziele …«, sagt Markus, »die habe ich in meinem Berufsleben nun wirklich genug verfolgt. Da musste ich immer etwas erreichen. So will ich da jetzt nicht mehr rangehen.«

Wenn es Ihnen wie Markus geht und für Sie auch eher der Weg das Ziel ist, dann behalten Sie Ihr Vorhaben einfach im Auge und genießen Sie die Reise dorthin, durch welche Gegenden auch immer sie Sie führt. Vielleicht wechseln Sie unterwegs ja auch nochmals die Richtung? Weil Sie auf halber Strecke etwas entdeckt haben, das Ihnen nun noch interessanter erscheint. Oder einfach wichtiger ist. Diese Freiheit haben Sie jetzt!

Wenn Sie jedoch zu den Menschen gehören, die sich durch Ziele lebendiger und motivierter fühlen, dann arbeiten Sie Ihren Plan so attraktiv wie möglich aus, damit schon beim bloßen Gedanken daran Energie und Freude durch Ihren Körper strömen.

Schreiben Sie Ihr Ziel auf

Reservieren Sie in Ihrem Notizbuch einen Platz, der nur Ihrem Ziel gewidmet ist. Indem Sie es schriftlich fixieren, lassen Sie ihm sehr viel mehr Verbindlichkeit und Kraft zukommen, als wenn Sie sich ausschließlich in Gedanken damit befassen. Machen Sie sich dabei klar: Ob Sie an Ihrem Ziel ankommen oder nicht, hängt wesentlich davon ab, welche Formulierung Sie wählen.

Benennen Sie Ihr Ziel so konkret wie möglich: »Ich werde …« oder »Ich bin …« statt »Ich würde …« oder »Ich möchte …«. Damit setzen Sie ein Statement und versichern sich selbst, dass Sie überhaupt keine Zweifel daran haben, es auch zu erreichen. Ihre Formulierung sollte außerdem keine Verneinung beinhalten, weil Ihr Unterbewusstsein ein »nicht« nicht erkennt. Wenn Ihr Vorhaben beispielsweise lautet: »Ich möchte nicht mehr wie früher jeden Abend auf dem Sofa vor dem Fernseher liegen«, hört Ihr Unterbewusstsein »jeden Abend auf dem Sofa vor dem Fernseher liegen«. Und wird sich mächtig anstrengen, dass Sie sich weiterhin von Ihrem gemütlichen Möbelstück unwiderstehlich angezogen fühlen. Auch der vage Vorsatz: »Ich möchte abends mehr kulturell unternehmen oder mich verabreden«, lässt Ihnen zu viele Hintertürchen offen, es nicht zu tun. Wenn Sie stattdessen schreiben: »Ich werde zwei oder drei Mal pro Woche abends eine Veranstaltung besuchen oder mich mit Freunden verabreden. Ich werde damit nächste Woche anfangen und mir zunächst einen Monat lang ansehen, wie ich damit zurechtkomme«, sorgen Sie dafür, dass die Hintertürchen verschlossen bleiben.

Wenn Sie Ihr Ziel schriftlich formuliert haben, lassen Sie es einige Minuten auf sich wirken. Wie fühlt es sich an? Richtig und stimmig? Wie hoch ist Ihre innere Bereitschaft, es auch wirklich anzustreben? Sehr hoch? Wenn dem so ist – wunderbar. Wenn nicht, blockieren Sie sich. Irgendetwas ist da, was den alten Zustand erhalten will. Vielleicht möchten Sie Ihre Fernsehabende jetzt noch gar nicht aufgeben, sondern weiter genießen, auch wenn das Bedürfnis nach Entspannung nicht mehr so groß ist wie zur Zeit Ihrer Berufstätigkeit? Dann belassen Sie es dabei und vereinbaren Sie mit sich, später anzufangen. Oder Sie finden einen Kompromiss. Dann steht in Ihrem Notizbuch vielleicht: »Ich werde ab Montag übernächster Woche nur noch zwei Mal abends ab der Tagesschau bis maximal 23 Uhr fernsehen. An den anderen Abenden werde ich mich mit Bekannten und Freunden treffen, lesen oder etwas Kulturelles unternehmen. Die Wochenenden werde ich flexibel halten. Der *Tatort* am Sonntag darf immer sein.«

Wenn Sie eine Weiterbildung zum Mediator planen, könnte eine Zielformulierung folgendermaßen lauten: »In einem Jahr werde ich Mediator sein. Dazu werde ich von September bis Dezember die Weiterbildung in Neustadt machen und im Dezember die Prüfung ablegen.« Wenn Sie spüren, dass Sie dieser Zeitplan unter Druck setzt, dann lockern Sie ihn. Richten Sie ihn dann einfach auf die übernächste Prüfung aus.

Wichtig ist, dass Sie so lange mit Ihrer Zielformulierung experimentieren, bis Sie zu allen Aspekten darin aufrichtig Ja sagen können und spüren, dass Sie sich diesem Ziel gegenüber innerlich verpflichten wollen und können.

Wie Sie Ihr Ziel mit Energie aufladen

Wenn Sie Ihr Ziel formulieren, achten Sie darauf, dass es

- *konkret* ist: Was wollen Sie wie, wo und wann tun?
- *messbar* ist: Wie oft und wie lange wollen Sie es tun?
- *attraktiv* ist: Wie inspirierend und motivierend ist Ihr Vorhaben für Sie? Merken Sie schon beim bloßen Gedanken da-

ran, dass Ihnen Energie zufließt? Was versprechen Sie sich davon, wenn Sie Ihr Ziel erreicht haben?

- *realistisch* ist: Ihr Ziel sollte für Sie erreichbar sein. Ist es zu ambitioniert, besteht die Gefahr, dass Sie sich selbst frustrieren. Sie können bestimmt sehr viel erreichen. Aber nicht alles, was Sie in Ihrer Jugend versäumt haben, lässt sich jetzt nachholen. Gerade bei sportlichen Aktivitäten sollten Sie Ihre Erwartungen an Ihr Leistungsniveau nicht zu hoch ansetzen. Selbst wenn Sie Ihr Leben lang sportlich waren, werden Sie nicht mehr den aktuellen Hochsprungrekord toppen. Aber natürlich können Sie in Ihrer Altersklasse Meister werden.

Notieren Sie Ihre Zielformulierung auf mehrere kleine Zettel, die Sie dorthin kleben oder legen, wo Sie sie jeden Tag sehen: an den Kühlschrank, auf den Nachttisch, an den Kleiderschrank oder Badezimmerspiegel. So erinnern Sie sich ständig an Ihr Vorhaben und erhalten mit jedem Blick darauf einen Motivationsimpuls. Und Motivation ist neben der inneren Verpflichtung das, was Sie auf dem Weg zu Ihrem Ziel am meisten brauchen. Sportler machen das übrigens genauso. Sie schreiben ihre Ziele häufig auf die Innenseite der Spindtür in der Umkleidekabine, um sich zu fokussieren und selbst zu pushen.

3 Machen Sie sich auf den Weg

Ihr Ziel haben Sie jetzt festgelegt, eventuelle Stolpersteine anhand Ihrer Tabelle ausfindig gemacht und beseitigt. Nun können Sie Ihre Reiseroute ausarbeiten. Lässt sich Ihr Weg in übersichtliche Etappen unterteilen? Welche Zwischenziele sind denkbar? Besteht die Möglichkeit, unterwegs auch mal eine Rast einzulegen?

Auch an den Proviant sollten Sie denken: Was brauchen Sie für den vor Ihnen liegenden Weg? Benötigen Sie Unterstützung, hin und wieder vielleicht auch einen Motivationskick? Wenn ja, von wem können Sie dies bekommen? Von Ihrem Partner? Von Vorbildern, an denen Sie sich orientieren? Oder von Freunden, von denen Sie wissen, dass sie uneingeschränkt hinter Ihnen stehen, und die Ihnen gegebenenfalls – wenn es materiell einmal eng werden sollte – auch finanziell unter die Arme greifen würden? Auch Bücher, speziell Ihre ganz persönlichen »Kraftbücher« können eine wunderbare Wegzehrung darstellen.

Und vergessen Sie nicht: Unser Gehirn ist ständig damit beschäftigt, Bilder zu erschaffen, und unterscheidet bei deren Bewertung nicht, was wir in der realen Welt wahrnehmen, und dem, was wir uns nur vorstellen. Auf dem Weg zu Ihrem Ziel haben Sie daher mit Ihrer Phantasie eine mächtige Verbündete. Viele wissenschaftliche Studien konnten die Wirkung und die enorme Kraft, die von inneren Bildern ausgehen, belegen: Heilungsprozesse werden unterstützt, Sportler setzen mentales Training erfolgreich zur Leistungssteigerung und zum Erhalt ihrer Leistung ein. Diese Kraft können auch Sie sich zunutze machen. Indem Sie Ihre Ziele visualisieren, setzen Sie Ihre Vorstellungskraft ganz bewusst dazu ein, mit den Bildern auch bestimmte Gefühle zu wecken. Dadurch erhält Ihr Unterbewusstsein – das vor allem durch Bilder und Gefühle beeinflusst wird – die wesentlichen Informationen, die es braucht, um Sie bestmöglich unterstützen zu können. Vor allem, indem es Sie motiviert. Die Kraft der Motivation kann scheinbar Unmögliches wahr werden lassen.

Setzen Sie sich täglich in Ihr »Kopfkino«

Drehen Sie in Ihrer Phantasie wie schon bei der Übung »Tagträumen oder: Ihr idealer Tag« (siehe Seite 50 ff.) Ihren persönlichen Erfolgsfilm, der Ihr Ziel thematisiert und in dem Sie die Hauptrolle spielen. Wie sehen Sie aus? Wie fühlen Sie sich? Was tun Sie? Wie leben Sie? Wie gehen Sie mit sich um? Welche Menschen kommen in Ihrem Film noch vor? Wo sind Sie in einem Jahr? Was werden Sie mit Ihrer Idee alles erreichen?

Nehmen Sie sich täglich 20 Minuten Zeit, ziehen Sie sich zurück und spielen Sie Ihren Film vor Ihrem inneren Auge ab. Diese »Kinobesuche« werden nicht ohne Wirkung bleiben – Sie dürfen gespannt sein, auf welche Weise sich Ihre inneren Bilder bald in Ihrem Leben manifestieren.

»Alles schön und gut«, höre ich Sie seufzen. »Ich möchte ja wirklich. Aber ich habe doch immer wieder starke Zweifel und auch Ängste, dass ich das, was ich mir vorgenommen habe, nicht schaffen werde.«

»Das ist gar nicht so ungewöhnlich«, hören Sie mich dann antworten. »Kommen Sie einfach mit ins nächste Kapitel.«

KAPITEL 6

Wie Sie mit Zweifeln umgehen können

Plötzlich fragen Sie sich, was Sie sich da bloß vorgenommen haben. Und machen sich Sorgen, dass Sie sich lächerlich machen werden. Voilà – Sie begegnen Ihren Zweifeln und inneren Blockaden, die Ihnen wie riesige, unüberwindbare Hindernisse erscheinen. Doch wenn Sie deren Botschaften verstehen, lassen sie sich meist leicht aus dem Weg räumen.

Mit Anfang 60 war Erika in ihren Ausbildungsgruppen immer die Älteste. Und erst recht später, mit weit über 80, wenn sie an einem Meditationsretreat teilnahm. »Ich dachte immer, die anderen denken: Was will die denn jetzt noch meditieren lernen?«, erzählt sie. »Und ich hab' ja auch selbst lange gedacht: Ich bin so alt, das geht nicht mehr.«

Kommt Ihnen das bekannt vor? Zeiten des Selbstzweifels und der Unsicherheit sind völlig normal und es gibt sie in jeder Lebensphase. Selbst dann, wenn Sie über ein gesundes Selbstvertrauen verfügen. Wir brauchen neben unseren Wohlfühl-Emotionen eben auch diese schwer erträglichen Gefühle, denn sie regen uns zum Nachdenken an und halten uns für anstehende Veränderungen wach. Gerade in Zeiten des Umbruchs – und der Ruhestand ist ja eine extreme Form davon – sind Aufregung, Zweifel, gemischte Gefühle und auch eine gewisse Ängstlichkeit nichts Ungewöhnliches. Man darf sie sich ruhig zugestehen.

Selbstzweifel treten meist dann auf, wenn man sie gar nicht gebrauchen kann. In Ihrem Fall genau jetzt, da Sie in fortgeschrittenem Alter noch einmal etwas Neues anfangen möchten und Ihr Selbstbewusstsein Ihnen dabei eigentlich eine Hilfe sein sollte. Aber es verunsichert eben, wenn man noch nicht weiß, was auf einen zukommt. Das Fatale: Je mehr Raum Sie dem Zweifel geben, desto weniger trauen Sie sich zu. Das kann so weit gehen, dass Sie irgendwann sogar nach einem Grund suchen, sich den neuen Herausforderungen nicht stellen zu müssen. Das ist verständlich. Aber auch unendlich schade. Denn wenn Sie sich vor dem Neuen drücken, bringen Sie sich um einmalige Chancen und kostbare, Ihr Leben bereichernde Erlebnisse. Die Frage ist also, wie Sie mit Ihren Zweifeln so umgehen können, dass sie Sie nicht lähmen. Und wie Sie Ihre zu eng gesetzten Grenzen so erweitern können, dass Sie sich nicht überfordern.

Ihr innerer Kritiker

Wenn Sie merken, dass es nicht weitergeht und Sie die Lust an Ihrem Vorhaben verlieren oder anfangen, an dessen Sinn zu zweifeln, dann ist Ihr innerer Kritiker am Werk. Das ist jene Stimme in Ihnen, die von Natur aus skeptisch und misstrauisch ist und manchmal nur darauf zu warten scheint, Sie in einer schwachen Stunde zu erwischen und mit ihrer Negativität zu tyrannisieren. Die Erfolgsrezepte des inneren Kritikers sind Sätze wie »dazu bist du zu alt«, »das lernst du doch jetzt nicht mehr« oder »du wirst sowieso scheitern«. Aber auch mit Attacken wie »du riskierst eine Menge Geld«, »was soll das denn jetzt noch?« oder »das hast du vorher noch nie gemacht, lass lieber die Finger davon« sorgt er dafür, dass Sie Ihre Ziele nicht erreichen. Weil Sie, mürbe und unsicher geworden, aufhören, sie zu verfolgen.

Der innere Kritiker will uns beschützen

Der innere Kritiker ist jene mahnende und demotivierende Stimme in uns, die wir bereits aus unserer Kindheit kennen: »Dafür bist du noch zu klein«, »du kannst das noch nicht«, »das ist nichts für dich«. Botschaften, die wir in unser Unterbewusstsein übernommen haben und die uns als negative Glaubenssätze bis in unser Erwachsenenleben hinein daran hindern, frei und unbeschwert unsere Ziele zu verfolgen.

Die Übervorsichtigkeit, mit der unsere Eltern oder andere Bezugspersonen uns von neuen Erfahrungen abgehalten haben, entspringt einem urmenschlichen Instinkt. Denn vor Millionen von Jahren ging es ausschließlich ums Überleben. Alles, was unbekannt war, konnte eine tödliche Gefahr sein. Unser Gehirn entwickelte also ein Programm, das immer zuerst auf das Negative fokussiert war und dadurch Gefahren blitzschnell erkennen (und also vermeiden) konnte. Das Positive war unwichtig, von ihm ging ja keine Gefahr aus. Das ist auch der Grund, warum in unserem Kopfkino oft Katastrophenfilme ablaufen. Wenn wir Gutes, Leichtes und Schönes auf der inneren Leinwand zu sehen bekommen wollen, müssen wir uns bewusst dafür entscheiden. Und ihm entsprechend unsere Aufmerksamkeit und Zeit schenken.

Im Gegensatz zu früher, wo es um das reine Überleben und den Fortbestand der menschlichen Art ging, warnt uns der innere Kritiker heute vor den Gefahren des Alltagsdschungels: zu versagen, sich zu blamieren oder lächerlich zu machen und infolgedessen von anderen abgelehnt zu werden. Neurowissenschaftler haben herausgefunden, dass bei Zurückweisung das Schmerzzentrum unseres Gehirns aktiviert wird – genauso wie es bei körperlichen Verletzungen der Fall ist. Unserem Gehirn ist also ziemlich egal, ob wir uns den Arm brechen oder von Menschen nicht akzeptiert werden, es signalisiert »Schmerz«. Und tatsächlich tut es weh, wenn man als Einziger nicht zu einem Fest eingeladen oder bei einem Auswahlverfahren abgelehnt wird. Den Schmerz der Ablehnung erfahren wir in der einen oder anderen

Form immer wieder. Der innere Kritiker aber will uns genau vor diesem Schmerz bewahren, indem er uns davor warnt, etwas zu tun, was das Risiko der Ablehnung beinhaltet: »Lass es sein. Es macht doch sowieso keinen Sinn. Erspare es dir, enttäuscht zu werden.«

Eigentlich ein gut gemeintes Ansinnen. Aber wenn man sich von solchen Botschaften einschüchtern lässt und sich dadurch immer weniger zutraut, trägt das nicht gerade zur Zufriedenheit und Lebensfreude bei.

Dem Scheinriesen entgegengehen

Sicher haben Sie in Ihrem Leben schon viele Situationen bewältigt, vor denen Sie großen Respekt hatten und bei denen Sie vorher zweifelten, ob Sie es schaffen werden. Bestimmt war dabei eine gehörige Portion Mut im Spiel. Aber am Ende ging es gut aus.

Kennen Sie den Scheinriesen aus Michael Endes Kinderbuch ›Jim Knopf und Lukas der Lokomotivführer‹? Da gibt es die Figur des netten, aber sehr einsamen Herrn Tur Tur, vor dem sich die Menschen fürchten, weil er aus der Entfernung wie ein Riese aussieht. Eine bewährte Methode, um Ängsten und Zweifeln ihre Macht zu nehmen, ist, vor ihrer scheinbaren Größe nicht wegzulaufen, sondern mutig auf sie zuzugehen. Wobei man die erstaunliche Erfahrung machen wird, dass sie kleiner werden, je näher man ihnen kommt – vor allem, wenn man sich dabei die Fragen stellt: »Was ist das Allerschlimmste, das jetzt passieren könnte?« Und: »Wenn das, was ich befürchte, eintritt: Werde ich damit umgehen können?« Wenn Sie sich diese Szenarien in Ihrer Phantasie so plastisch wie möglich ausmalen, stellen Sie wahrscheinlich fest, dass es ziemlich unrealistisch ist, dass es tatsächlich so kommt. Und eine riesige Last fällt von Ihren Schultern.

Die eigene Angst als Scheinriese zu erleben ist nur eine Möglichkeit, Bedenken, Zweifeln und Ängsten effektiv den Wind aus den Segeln zu nehmen. Auf den folgenden Seiten stelle ich Ihnen weitere vor, mit denen Sie Ihr Selbstvertrauen stärken können. Wenn Sie regelmäßig einige davon beherzigen, werden Sie erleben, dass Ihre Zweifel Sie nicht mehr so leicht blockieren und von Ihren Vorhaben abhalten können.

1 Stärken Sie bei jeder Gelegenheit Ihr Selbstbewusstsein

Selbstbewusstsein ist die Grundlage, auf der unser Lebensgefühl und unsere Lebensqualität aufbauen. Doch Selbstbewusstsein ist keine Eigenschaft, auf die wir – wenn wir sie einmal erworben haben – immer zurückgreifen können. Es hängt von unserer Tagesform und aktuellen Lebensphase ab, von der Situation, in der wir uns gerade befinden, und von den Menschen, mit denen wir gerade zu tun haben.

Mit den folgenden Tipps können Sie das Vertrauen in sich selbst stärken und Ihr Selbstbewusstsein (wieder) aufbauen – egal, ob es nur gerade einmal schwächelt oder Sie generell mehr davon gebrauchen könnten.

Schaffen Sie sich Erfolgserlebnisse

Suchen Sie sich immer wieder kleine, aber auch größere Herausforderungen, die Ihnen ein Erfolgserlebnis – die pure Medizin für Ihre Seele und Ihren Körper – in Aussicht stellen. Das kann schon das Aufräumen eines Schranks oder die Erledigung von Dingen sein, die Sie als eher unangenehm empfinden. Indem Sie Ihren Widerstand überwinden, verschaffen Sie sich nicht nur ein tiefes Gefühl der Zufriedenheit, Sie stärken auch Ihre Selbstwirksamkeitserwartung. Das ist Ihr Glauben daran, dass Sie durch Ihr eigenes Handeln etwas bewirken und auch schwierige Situationen bewältigen können.

Fragen Sie sich:

Was könnte ich in nächster Zeit machen, bei dem ich garantiert ein Erfolgserlebnis habe?

_____

_____

Setzen Sie öfter die rosarote Brille auf

»Eigenlob stimmt.« Stimmt! Wissenschaftlich nachgewiesen ist, dass Menschen, die sich wohlwollend betrachten, vor allem ihre positiven Seiten im Blick haben und gut von sich denken, sich mit sich selbst sehr viel wohler fühlen und glücklicher sind als Menschen, die das nicht tun. Kein Wunder, sind doch positive Vorstellungen von sich selbst eine Grundvoraussetzung für die seelische Gesundheit.

Seien Sie daher auch ruhig einmal nachsichtiger mit sich und betrachten Sie sich öfter durch die rosarote Brille. Es hat überhaupt nichts mit übertriebenem Narzissmus oder Selbstbeweihräucherung zu tun, wenn Sie Ihre Baustellen – die wir alle haben und für unsere Entwicklung auch haben müssen – einfach ab und zu ausblenden.

Und wenn Sie merken, dass Sie Ihre Zweifel auf diese Weise nicht gänzlich besiegen können, holen Sie sich Beistand und lassen Sie sich von Freunden oder Bekannten ruhig auch einmal in den Arm nehmen. Umarmungen sind enorm hilfreich und wichtig, sie beruhigen und bauen auf. »Ich habe immer auch mit Hilfe von Menschen, die für mich wichtig waren, die Kurve gekriegt«, erzählt Erika.

Tun Sie »als ob«

Auch die »Tun als ob«-Methode ist ideal, wenn Sie sich etwas nicht zutrauen und am liebsten davor drücken möchten. Nehmen Sie sich eine halbe Stunde Zeit, setzen Sie sich an Ihren Lieblingsplatz und stellen Sie sich vor, wie Sie Ihr Projekt erfolgreich durchführen. Welches Gefühl entsteht in Ihnen? Wie verhalten Sie sich mit dieser Einstellung anderen Menschen gegenüber, den anderen Teilnehmern in Ihrer Fortbildung oder den neuen Mitsängern im Chor zum Beispiel? Wie fühlt es sich an, wenn Sie am ersten Tag in Ihrem neuen Bereich ganz souverän sind und die Stunden dort einen tollen Verlauf nehmen?

Spielen Sie bis in kleinste Detail durch, wie Sie Ihr Vorhaben bravourös meistern. Im ersten Durchlauf auf dem Sofa und dann vor dem Spiegel: Wie treten Sie auf? Wie ist Ihre Körpersprache? Was sagen Sie, wenn Sie von sich überzeugt sind und sich in Ihrer Haut richtig wohlfühlen? Je öfter Sie in diese Rolle schlüpfen, umso besser kennen und beherrschen Sie sie. Und wenn dann die echte Situation tatsächlich eintritt, ist sie Ihnen schon ganz vertraut.

Auch wenn die »Tun als ob«-Methode Ihnen anfangs etwas befremdlich vorkommt – Sie werden feststellen, dass Sie damit ein äußerst wirkungsvolles Mittel im Umgang mit Ihrer Angst an der Hand haben. Vielleicht sogar eines, das Ihnen im Lauf der Zeit richtig Spaß macht. Denn Sie können auf herrlich spielerische Weise neues Verhalten ausprobieren.

Bereiten Sie sich täglich Freude

Sorgen Sie dafür, dass Sie sich täglich freuen! Das kann der Blumenstrauß auf dem Tisch sein, die Verabredung oder das Telefonat mit einem lieben Menschen, das leckere Essen, das Sie sich zubereiten, und der Film, den Sie sich im Kino oder im Fernsehen anschauen. Dass es eine Freude ist, merken Sie, wenn Ihnen schon der Gedanke daran ein Lächeln auf Ihr Gesicht zaubert. Freude stärkt das Immunsystem Ihrer Seele und Sie können Zweifeln und Ängsten mit mehr Widerstandskraft begegnen.

Der große Pianist Artur Rubinstein konnte sich noch im Alter wie ein Kind freuen. Als er selbst nicht mehr in der Lage war zu spielen, genoss er es, Musik zu hören, und als sein Augenlicht immer schwächer wurde, ließ er sich vorlesen. Er fand immer neue Freuden des Lebens. Selbst als er sehr krank wurde, blieb er zuversichtlich. »Keine Details, das interessiert mich nicht«, sagte er, »ich möchte mein Inneres nur als Garten sehen.«

Stellen Sie sich folgende Fragen:

Was habe ich heute erlebt, über das ich mich gefreut habe?

_____

_____

Was habe ich selbst dazu beigetragen?

_____

_____

Was könnte ich tun, damit sich ein Erlebnis dieser Art wiederholt?

_____

_____

Vergleichen Sie – aber richtig!

»Lebenskünstler vergleichen sich mit Menschen, denen es schlechter geht als ihnen«, heißt ein Sprichwort, und da steckt viel Wahres drin. Es geht nicht darum, dass Sie sich im Gefühl der Überlegenheit sonnen sollen, sondern darum, dass Sie eine neue, positive Perspektive auf Ihre Situation, Ihre Möglichkeiten und Ihre Fähigkeiten einnehmen.

Gehen Sie auf Abstand

Wenn Sie merken, dass Sie in der Zweifel- und Angstschleife gefangen sind, dann lassen Sie möglichst alles stehen und liegen, gehen Sie spazieren, machen Sie einen Stadtbummel oder treiben Sie Sport. Indem Sie sich körperlich und mental von der Situation entfernen, gewinnen Sie Abstand, der Sie von den blockierenden Gefühlen erlöst.

Meditieren Sie

Auch Meditation ist ein effektiver Weg, mit Zweifeln und Ängsten umzugehen und mehr Gelassenheit in sich zu spüren. Weil Sie die Verbindung zu sich selbst stärken und zu innerer Klarheit finden. Mit Hilfe der Meditation lernen Sie, Ihre Gefühle und Gedanken einfach nur zu beobachten – ohne sie zu bewerten oder sich von ihnen beherrschen und von jedem noch so kleinen Anlass aus der Fassung bringen zu lassen. Mit der Zeit wird es Ihnen immer besser gelingen, Ihre Wahrnehmung nach innen zu richten und sehr schnell zu spüren, was gerade in Ihnen vorgeht. Darüber hinaus trägt jede Form der stillen Meditation zur Entspannung und damit zum Abbau des Stresshormons Cortisol bei, wodurch gleichzeitig die Immunreaktion Ihres Körpers verbessert wird.

Meditieren lernen können Sie mit CDs und Büchern. Oder Sie besuchen einen Kurs, bei dem Sie mit Gleichgesinnten zusammen sind und neue Kontakte knüpfen können.

2 Machen Sie Ihren inneren Kritiker zum Partner und entwickeln Sie Routinen

Ihr innerer Kritiker gehört zu Ihnen, Sie werden ihn nicht los. Bemühen Sie sich daher um ein gutes Verhältnis zu ihm und erlauben Sie ihm, seinen Job zu machen. Aber eben nur seinen Job: das, was Sie vorhaben, kritisch zu hinterfragen und skeptisch zu beäugen. Dadurch werden Sie auf Aspekte aufmerksam, die Sie vorher noch nicht bedacht haben, und Sie können diese aktiv angehen. Sehen Sie daher seine Einwände auch als Chance an, sich an dieser Stelle weiterzuentwickeln. Jeder Einwand, dem Sie sich ehrlich stellen, macht Sie stärker. Es ist wie beim Sport: Wenn Sie Ihre Muskeln nicht immer ein wenig mehr fordern, können Sie zwar Ihren Status quo erhalten – Sie werden aber nicht fitter.

Folgende Fragen sollen Ihnen dabei helfen, mit Ihrem inneren Kritiker in Kontakt zu kommen und ein partnerschaftliches Verhältnis zu ihm aufzubauen.

1. Hören Sie Ihrem inneren Kritiker einmal richtig zu. Was genau sagt er?

_____

_____

2. Kennen Sie die Stimme Ihres inneren Kritikers? Gehört sie vielleicht einer Person, der Sie früher gehorchen mussten? In welchen Situationen haben Sie sie gehört?

Die Stimme meines inneren Kritikers erinnert mich an …

_____

_____

Situationen, in denen ich sie gehört habe, waren:

_____

_____

Falls Ihnen die Stimme Ihres inneren Kritikers bekannt vorkommt: Machen Sie sich bewusst, dass Sie heute erwachsen sind, auf eine Menge Lebensjahre und unzählige Erfahrungen zurückblicken können, in denen Sie viel gemeistert haben, und dass die damaligen Situationen heute nicht mehr relevant sind.

3. Bringen Sie Ihrem inneren Kritiker Gegenbeispiele. Was haben Sie in Ihrem Leben alles schon geschafft, obwohl Sie gezweifelt haben? Was macht Ihnen Mut, auch jetzt Neues anzugehen? Was erfüllt Sie mit Stolz, wenn Sie daran denken? Nehmen Sie dazu auch Ihre Erfolgs-Lifeline aus dem ersten Kapitel zu Hilfe. Die können Sie Ihrem inneren Kritiker selbstbewusst entgegenhalten, wenn er mit seinem Demotivationswerk beginnen will.

_____

_____

4. Wenn Sie ganz ehrlich sind – hat Ihr innerer Kritiker mit seinem Misstrauen und seiner Skepsis irgendwo vielleicht auch ein bisschen recht? Wenn ja, worauf weist er Sie damit hin? Welcher konstruktive Ansatz steckt in seiner Kritik? Sollten Sie Ihre Ziele und Vorhaben vielleicht noch einmal aufmerksam anschauen?

Und was könnten Sie tun, damit Ihr innerer Kritiker nicht später triumphiert: »Siehste! Ich habe dich gewarnt! Hättest du mal die Finger davon gelassen!«

Wo mein innerer Kritiker tatsächlich recht hat:

_____

_____

Was ich tun kann, damit er nicht recht behält:

_____

_____

5. Wenn Sie mit Ihrem Vorhaben schon begonnen haben und der innere Kritiker jetzt laut wird: Welche Fortschritte – auch wenn sie noch so klein waren – haben Sie schon gemacht? Welche Teilstrecke haben Sie schon zurückgelegt? Vergessen Sie dabei auch nicht, dass gerade Anfänge mühsam und unbequem sein können, weil Sie Ihre Komfortzone ein Stück weit verlassen.

_____

_____

6. Früher mussten Sie vielleicht permanent Erfolge vorweisen und Ziele unter engen Vorgaben erreichen. Aber sind das überhaupt noch Ihre Maßstäbe in der neuen Lebensphase? Was ist heute anders? Schauen Sie sich auch nochmals Ihre Antworten im dritten Kapitel auf die Fragen »Was sind Ihre Glücksquellen?« und »Worin finden Sie Sinn?« an.

Früher war wichtig, dass ich …

_____

_____

Heute dagegen kann und darf ich …

_____

_____

7. Was ist daran gut und sinnvoll, dass Sie gerade jetzt zu
neuen Ufern aufbrechen?

_____

_____

8. Was können Sie jetzt mit all Ihrer Lebens- und Berufserfah-
rung, was Sie früher nicht so gut konnten? Nehmen Sie
auch hier nochmals Ihre Erfolgs-Lifeline und die Antworten aus dem dritten Kapitel auf die Fragen »Ihre Begabun-
gen, Fähigkeiten und Interessen« zur Hand.

_____

_____

_____

_____

Gerade Ihre Kompetenzen sind ein wesentlicher Schlüssel,
mit dem Sie die Türen zu Ihrem neuen Vorhaben öffnen – sei
es, dass Sie sich selbständig machen möchten oder sich nochmals um eine Stelle, eine Aufgabe oder um ein Ehrenamt be-

werben. Machen Sie sich Ihre ganz besonderen Fähigkeiten wieder bewusst, sehen Sie sie als einen kostbaren Schatz an. Wenn Ihr innerer Kritiker dann mit der Miesmacherei beginnt, können Sie ihm lächelnd Ihren Reichtum entgegenhalten.

9. Welche Sätze und Botschaften würden Ihnen, wenn der innere Kritiker im Hintergrund nörgelt, guttun und Sie unterstützen, Ihren Weg fortzusetzen?

Schreiben Sie sich diese Botschaften auf mehrere Zettel und legen Sie diese dorthin, wo Sie sie oft sehen. Die Innenseite des Kleiderschranks oder der Badezimmerspiegel ist so ein Platz. Das Portemonnaie und die Handyhülle auch. Immer dann, wenn der innere Kritiker loslegt, können Sie auf Ihren Zettel schauen und werden merken, dass die Kraft, die von Ihren Sätzen ausgeht, ihn schwächt. Bald schon werden Sie diese Energie-Gedanken auch ohne Blick ins Portemonnaie oder in den Kleiderschrank begleiten. Damit weisen Sie den inneren Kritiker wirkungsvoll in seine Schranken und seine Destruktivität wird Sie nicht mehr davon abhalten, Ihre Träume zu verwirklichen.

10. Routinen verschaffen uns durch ihre Vorhersehbarkeit Sicherheit in Zeiten, in denen unsere gewohnten Lebensrhythmen nicht mehr da sind. Bauen Sie in Ihren Alltag mehrere Routinen ein, die Ihnen guttun. Das könnte das

tägliche Frühstück mit Ihrem Partner sein, die morgendliche Joggingrunde, die Tasse Kaffee in Ihrem Lieblingscafé, das Surfen im Internet oder das Telefonat mit einer Freundin oder einem Bekannten. Auch immer wiederkehrende Verabredungen gehören dazu.

Folgende Routinen, die mir guttun, werde ich in Zukunft in meinen Alltag einbauen:

_____

_____

KAPITEL 7

So überwinden Sie Motivationstiefs

Überzeugt und voller Elan sind Sie Ihre Ideen und Vorhaben angegangen. Aber plötzlich können Sie sich nicht mehr so richtig aufraffen und verschieben das, was Sie tun wollten, auf morgen. Oder übermorgen. Um dann frustriert festzustellen, dass Sie es wieder nicht gemacht haben. Hier finden Sie heraus, woran es liegen kann, dass Ihnen die Begeisterung abhandengekommen ist. Und wie Sie sie wiederfinden. Dazu legen Sie sich Ihr persönliches Kraftdepot an, zu dem auch die Menschen gehören, die Sie begleiten. Dann haben Sie jederzeit die Unterstützung an Ihrer Seite, die Sie auf Ihrem Weg brauchen.

Abends weniger fernsehen, stattdessen rausgehen und die Kultur genießen, eine Sprache lernen, Sport machen oder einen neuen Job suchen: Was Sie sich voller Begeisterung ausgesucht und vielleicht auch schon begonnen haben – der Zauber des Anfangs ist verflogen und eine gewisse Bequemlichkeit hat sich eingeschlichen. »Ich muss mich auf die neue Lebensphase ja auch erst einmal einstellen«, sagen Sie sich. »Immerhin weiß ich schon, was ich will. Und Zeitdruck habe ich ja keinen.« Stimmt. Es reicht locker, morgen damit anzufangen. Auch nächste Woche ist völlig in Ordnung. Ein großer Vorteil des Ruhestands ist ja gerade, dass Sie sich keinem Effizienzdenken mehr unterwerfen müssen. Doch liegt darin auch die Gefahr, dass Sie sich abends vielleicht doch öfter mit dem Sofa und dem Fernseher verabreden, als Ihnen lieb ist. Und so allmählich die Verbindung zu den Dingen verlieren, die Sie sich vorgenommen haben. Weil sie immer weiter wegrücken.

Karoline, 76 Jahre: »Man muss rausgehen!«

»Die Angst, nach dem Ausscheiden aus dem Arbeitsleben in eine Strukturlosigkeit zu fallen, kann ich gut verstehen. Ich merke das ja selbst bei meinem täglichen Spaziergang. Mich anziehen, rausgehen, eine Runde drehen …

das kostet mich manchmal schon Überwindung. Aber es tut mir so gut. Ich habe noch nie erlebt, dass ich mich hinterher nicht besser gefühlt hätte. Selbst wenn es regnet oder schneit, gebe ich mir daher immer einen Ruck. Neulich habe ich abends in der Oper eine Dame kennengelernt. Sie saß neben mir, wir kamen ins Gespräch und sie erzählte, dass sie nicht aus Hamburg sei, aber einmal im Jahr müsse sie unbedingt hierher. Dann wohnt sie in einem Hotel und genießt das große Kulturangebot. So ist es richtig! Man muss rausgehen, man darf nicht zu Hause sitzen und Däumchen drehen.«

Viele Ursachen

Dass man nicht immer motiviert sein kann, ist völlig normal, Sie kennen das bestimmt auch aus Ihrer Berufstätigkeit. Auch da gab es ab und zu Aufgaben zu erledigen, die Sie sich nicht ausgesucht hätten und zu denen Sie keine Lust hatten.

Jetzt aber liegt die Sache ganz anders. Sie haben sich Ihre Themen, Inhalte und Ziele selbst gesucht und in aller Freiheit für sie entschieden. Besser kann es ja eigentlich gar nicht sein. Dass man dennoch auch unter so optimalen Voraussetzungen die Lust verlieren kann, mag für Sie eine neue und erstaunliche Erfahrung sein.

Doch keine Sorge – auch das ist normal. Selbst wer liebt, was er tut, ist nicht davor gefeit, in ein Loch zu fallen. Gute Gefühle brauchen nämlich auch immer wieder mal eine Pause, um sich von sich selbst zu erholen. In der Regel ist ein solches Motivationstief nur eine Phase von einigen Tagen oder wenigen Wochen. Danach nimmt die Lust und das Interesse an dem, was man als sinnvoll und richtig erlebt, wieder zu und man schöpft neue Kraft aus der Freude an der Tätigkeit.

Wenn Sie ein kleines oder mittelgroßes Motivationsloch haben, dann schauen Sie doch mal, ob unter den folgenden Gedanken der eine oder andere ist, der Ihnen die Energie zum Weitermachen gibt. Ergänzen Sie die Vorschläge auch mit eigenen Argumenten.

Mit meiner Tätigkeit oder Aufgabe ...

... tue ich etwas, das ich als sinnvoll empfinde. Etwas, das mich zufrieden macht.

... verfolge ich ein Ziel. Das mir dabei hilft, meine Zeit zu strukturieren und den Tag einzuteilen.

... habe ich wieder Erfolgserlebnisse. Die einfach guttun, weil ich mich über sie freue und sie mein Selbstbewusstsein stärken.

... bin ich aktiv und habe Kontakte – und beuge dem Einrosten und der Einsamkeit vor.

...

Ist ein Impuls dabei? Oder haben Sie selbst andere oder weitere Gründe gefunden, die Sie motivieren? Dann schreiben Sie diese wieder auf einen Zettel und legen ihn dorthin, wo Sie ihn auch im Motivationstief finden.

Wenn Sie aber merken, dass Sie sich fortlaufend davor drücken, sich mit Ihren Ideen und Vorhaben zu beschäftigen, oder gar Unwohlsein verspüren, dann sollten Sie noch einmal genau hinschauen. Unlust kann viele Ursachen haben. Hier finden Sie die häufigsten – und auch viele Tipps und Anregungen, wie Sie sie überwinden können.

Überprüfen Sie Ihre Entscheidung

Sehen Sie sich Ihre Ideen-Tabelle aus dem dritten Kapitel an und fragen Sie sich erneut: »Warum genau möchte ich das machen?« Und falls Sie schon mit Ihrem Vorhaben angefangen haben: »Auf der Skala von 1 bis 10 – wie wohl fühle ich mich gerade damit?« Wenn Sie durch Ihre Antworten darauf kommen, dass Sie etwas verfolgen, was offenbar doch nicht so gut zu Ihnen passt, sollten Sie sich nicht zwingen, dieses Vorhaben auf Gedeih und Verderb weiterzuverfolgen. Es sei denn, Sie wissen, dass es sich dabei um ein Muster handelt, das in Ihrem Leben immer wieder vorkommt. Dass Sie sich schon mehrmals durch negative Gefühle und Botschaften ausgebremst und damit Ihren Erfolg verhindert haben. Wenn das der Fall ist, könnten destruktive Glaubenssätze hinter Ihrem Verhalten stecken. Lesen Sie dann nochmals, was Sie im letzten Kapitel über Ihren inneren Kritiker geschrieben haben. Und wie Sie ihm den Wind aus den Segeln nehmen können.

Wenn es aber nicht Ihr innerer Kritiker ist, der Sie von Ihrem neuen Vorhaben abhält, dann schauen Sie nach, welche Themen, Inhalte und Aufgaben in Ihrer Ideen-Tabelle an zweiter und dritter Stelle stehen. Erlauben Sie sich, dass Sie sich neu entscheiden dürfen. Machen Sie sich bewusst, dass Sie überhaupt erst durch das Ausprobieren merken können, ob es das Richtige für Sie ist. Rechnen Sie auch damit, dass es Ihnen noch einige Male passiert, dass Sie sich umentscheiden möchten. Bis Sie schließlich das richtige Thema und Projekt für sich gefunden haben. Dass es so weit ist, merken Sie daran, dass Sie sich immer wieder von Neuem darauf freuen.

Laden Sie Ihr Ziel mit Energie auf

Wenn Sie merken, dass Sie die Verbindung zu Ihrem Ziel immer wieder verlieren, es vielleicht sogar vergessen, dann finden Sie ein Symbol dafür und zeichnen Sie es auf einen Zettel. Oder kleben Sie eine Collage mit vielen verschiedenen Bildern aus Zeitschriften, Zeitungen oder Fotos, mit der Sie ein ganz persönliches Kunstwerk schaffen. Sie können zu Ihrem Ziel auch eine Geschichte oder ein Gedicht schreiben. Tun Sie das, was Ihnen am leichtesten von der Hand geht, Hauptsache, Sie beschäftigen sich mit Ihrem Vorhaben so, dass Sie dabei auf spielerische

Art Spaß haben. Wenn Sie fertig sind, hängen oder legen Sie Ihr Werk dorthin, wo Sie es täglich mehrmals bewusst, aber auch unbewusst sehen. So empfängt auch Ihr Unterbewusstsein immer wieder die darin enthaltenen Botschaften und trägt seinen Teil dazu bei, dass Sie dort ankommen, wo Sie ankommen möchten.

Machen Sie kleine Schritte

Stehen Sie vielleicht vor einem riesigen, unüberwindbar erscheinenden Berg? Mit anderen Worten: Steht Ihr Vorhaben als große Überschrift in Ihrer Tabelle und Sie haben keine Ahnung, wo Sie beginnen sollen? Dann ist es kein Wunder, dass Sie keine Lust haben. Überlegen Sie – vielleicht auch zusammen mit einem Freund/einer Freundin –, wie Sie Ihr Projekt in sinnvolle Einheiten, die wie Spaziergänge Ihre Freude wecken, unterteilen können. Setzen Sie sich mit Datum versehene Teilziele und schreiben Sie auf, bis wann Sie sie realistischerweise erreicht haben werden. So werden aus der nicht zu bewältigenden Größe Ihres Vorhabens kleine sinnvolle Schritte, die Sie gut einschätzen und bewältigen können. Und wenn Ihnen diese immer noch zu groß erscheinen: Unterteilen Sie sie nochmal.

Wenn Sie dann anfangen, beginnen Sie mit der leichtesten Aufgabe. So nehmen Sie auch inhaltlich behutsam und in Ihrem Tempo Kontakt mit Ihrem Vorhaben auf. Wenn Sie sich jeden Tag eine weitere kleine Aufgabe vornehmen und diese auch wirklich erledigen, sind Sie mit Ihrem Projekt wieder in Verbindung und die Energie zwischen Ihnen und ihm fließt wieder. Dann kommt auch Ihre Motivation von ganz alleine zurück.

Sieben Minuten gegen Aufschieberitis

Es gibt eine sehr wirkungsvolle Methode anzufangen: Nehmen Sie sich vor, das, was Sie ständig vor sich herschieben, sieben Minuten lang zu tun. Wirklich nur sieben Minuten! Stellen Sie einen Timer und machen Sie in diesen 420 Sekunden nichts, was nicht mit Ihrem Vorhaben zu tun hat. Fangen Sie mit dem Teil Ihrer Aufgabe an, bei dem Sie nicht scheitern können. Und wenn es nur das Hochfahren des Computers und das Aufrufen der entsprechenden Seite im Internet ist, auf der Sie Informationen recherchieren möchten. Sobald einmal der Anfang gemacht ist, werden Sie erstaunt feststellen, dass die sieben Minuten wie im Flug vergangen sind. Ein Erfolgserlebnis, das Ihnen Energie für die weiteren Schritte schenkt!

Würdigen Sie Ihre Leistungen

Demotivation kommt oft daher, dass man das Gefühl hat, eine Aufgabe nicht schaffen zu können, weil sie zu schwierig ist. Wenn Sie aber auf Ihr Leben schauen – was haben Sie da nicht schon alles an Herausforderungen bewältigt!

Sehen Sie sich Ihre Erfolgs-Lifeline aus dem ersten Kapitel an und lassen Sie jeden Moment, den Sie dort eingetragen haben, in Ihrer Erinnerung so bunt wie möglich noch einmal lebendig werden. Und nehmen Sie das gute Gefühl mit in die Gegenwart. Sie werden wahrscheinlich auch an dieser neuen Aufgabe wachsen und sehr stolz auf sich sein, wenn Sie sie gemeistert haben.

Seien Sie nett zu sich

Auch und gerade wenn Ihr innerer Kritiker versucht, Sie kleinzureden: Halten Sie mit Ihrem inneren Unterstützer dagegen. Das ist jene Stimme in Ihnen, die Ihnen Mut macht, die will, dass es Ihnen gutgeht und dass Sie an sich glauben. Selbst wenn diese Stimme im Vergleich zu der des inneren Kritikers eher leise ist, können Sie lernen, sie zu hören und lauter werden zu lassen. Sehen Sie sich Ihre Antworten an, die Sie im sechsten Kapitel auf Seite 201 auf die Frage »Welche Sätze und Botschaften würden Ihnen, wenn der innere Kritiker im Hintergrund nörgelt, guttun und Sie unterstützen, Ihren Weg fortzusetzen?« notiert haben. Stimmen sie noch? Möchten Sie sie aktualisieren? Wenn ja, hier haben Sie die Gelegenheit:

Botschaften, die mir jetzt guttun, sind …

_____

_____

Übertragen Sie Ihre stärkenden Sätze wieder auf einen Zettel und überlegen Sie sich ein Symbol dazu. Kleben oder legen Sie auch diesen Zettel dorthin, wo Sie ihn immer wieder sehen und griffbereit haben. Ihr innerer Unterstützer ist mächtig. Und je mehr Sie ihn zu Wort kommen lassen, umso weniger gelingt es Ihrem inneren Kritiker, Sie zu verunsichern.

Belohnen Sie sich

Wenn Sie Ihrem Ziel einen Schritt näher gekommen sind oder sogar ein Etappenziel erreicht haben, dann belohnen Sie sich! Belohnungen sind entscheidend für Ihren Erfolg, sie lassen die Glückshormone durch Ihren Körper wirbeln und sind ein echtes Argument für Ihre Vernunft. Die ist nämlich erst dann bereit etwas einzusehen, wenn sie eine attraktive Gegenleistung dafür bekommt. Dann verbindet sie die Anstrengung mit einem Erfolgserlebnis, das Ihnen dabei hilft, dass Sie bei der nächsten Etappe weniger Anlaufschwierigkeiten haben.

Legen Sie sich einen »Belohnungsvorrat« an: Schreiben Sie alles, was Ihnen Freude und Spaß macht – ein Kinobesuch, ein tolles Essen, eine Massage –, und auch Dinge, die Sie sich im Alltag nicht so einfach gönnen würden, auf kleine Zettel. Falten Sie diese und legen Sie sie in eine Schachtel oder ein Glas. Dann brauchen Sie beim nächsten Anlass für eine Belohnung nur hineinzugreifen und können sich überraschen lassen, womit Sie sich eine Freude bereiten werden.

Haben Sie sich zu viel vorgenommen?

Ein Grund für Unlust kann auch sein, dass Sie sich vor lauter Freiheit und Möglichkeiten viel zu viel vorgenommen haben. In der alten Firma noch Projekte betreuen, ein soziales Ehrenamt, für die Familie da sein und nebenbei all das auf Vordermann bringen, was zu Hause über Jahre hinweg liegen geblieben ist – das klingt nach Stress. Der ist zwar auch belebend, aber zu viel wirkt sich gegenteilig aus und überfordert. Statt mit Gelassenheit und Ruhe geht man die unterschiedlichen Aktivitäten nun gehetzt an, gerät unter Leistungsdruck und wird immer unzufriedener. Oder unruhig, weil man vor lauter Ideen gar nicht weiß, wo man anfangen soll. Um dann in einigen Jahren festzustellen, dass man nur einen Bruchteil davon realisiert hat. Sind Ihre alten und neuen Aufgaben sinnvoll aufeinander abgestimmt? Oder sind sie mit realistischem Blick gar nicht zu schaffen, weil es einfach viel zu viele sind?

Das kann leicht passieren. Nach den Einschränkungen, die Sie jahrzehntelang in der Berufstätigkeit hatten, mögen die neuen Perspektiven so verlockend sein, dass Sie sich den Tag und die Wochen richtiggehend vollpacken. Sich Ruhe zuzugestehen fällt schwer. Vielleicht auch, weil Sie denken: »Ich bin doch fit. Da kann ich doch nicht einfach nichts tun.« Aber Sie können die biologischen Gesetze Ihres Körpers nicht aus den Angeln heben, Aktivität und Ruhe müssen ausgewogen sein.

Eine Möglichkeit, mit der Fülle der Themen umzugehen, ist, dass Sie sich auf das konzentrieren, was Sie gerade am liebsten machen möchten oder was Ihnen persönlich am wichtigsten erscheint. Auch wenn Sie dafür etwas anderes, das Ihnen ebenfalls am Herzen liegt, absagen müssen. Es muss ja nicht für immer sein. Wenn Sie wieder etwas Luft haben, weil Ihr Engagement an einer Stelle weniger gefordert wird, können Sie es wieder in Ihr Programm aufnehmen.

Fühlen Sie sich Ihrem Vorhaben gegenüber genug verpflichtet?

Kann es vielleicht auch sein, dass Sie Ihrem Plan zu wenig verbindlich gegenüberstehen? Dann gehen Sie eine Verpflichtung sich selbst gegenüber ein. Formulieren Sie Ihr Ziel schriftlich und setzen Sie wie bei einem Vertrag Ihre Unterschrift darunter. Das wirkt Wunder.

Sie können auch Ihren Partner oder einen Menschen, dem Sie vertrauen, in Ihr Vorhaben einbeziehen. Ideal ist es, wenn dieser Mensch auch ein Ziel verfolgt und Sie sich wie in einem Team gegenseitig unterstützen. Dann können Sie den Stand Ihrer Projekte gegenseitig abfragen und haben auch bei Krisen und Durchhängern einen Ansprechpartner. Vereinbaren Sie, dass Sie gegenseitig offen und ehrlich sind. Jammern gilt nicht.

Klären Sie Probleme

Wie sieht es bei Ihnen zu Hause aus? Sind dort vielleicht viele offene große und kleine Themen, die Sie von Ihrem Vorhaben ablenken und Ihre Energie benötigen? Das können Behördensachen sein, unerledigte Rechnungen, Dinge, die längst einmal repariert, aufgeräumt oder ausgemistet werden müssten. Wenn Sie merken, dass Unerledigtes eine echte Belastung für Sie ist, dann gehen Sie es an, um den Kopf freizubekommen für das, was Ihnen Freude macht. Aber auch hier gilt: nicht alles auf einmal. Zuerst täglich eine Stunde den Dachboden und wenn der fertig ist, die Kleiderschränke und dann die Garage. Schon wenn Sie damit beginnen, werden Sie spüren, wie Ballast abfällt und Sie immer mehr Energie haben, weil die offenen Aufgaben peu à peu weniger werden.

Überprüfen Sie Ihr Umfeld

Mit wem verbringen Sie Ihre Zeit? Ist Ihr Partner oder Ihre Partnerin unterstützend und konstruktiv? Sind es auch die Menschen, mit denen Sie zu tun haben? Wenn Sie selbst gerade stimmungsmäßig nicht in Bestform sind, dann ist es gut, um Menschen einen Bogen zu machen, die ständig schlechte Laune haben und Sie nur noch weiter herunterziehen. Schlechte Laune ist wie Schnupfen – sie steckt an. Gute Laune aber auch! Daher verabreden Sie sich mit Freunden oder Bekannten zu einem netten Abend, bei dem Sie von Herzen lachen können. Oder Sie gehen mal wieder zusammen ins Kabarett, in eine Komödie oder sehen sich einen lustigen Film an. Gemeinschaft, Lachen und das Leben genießen sind die besten Investitionen in die eigene Lebenslust.

Sorgen Sie für eine Tagesstruktur

Häufige Ursache für ein Motivationstief ist auch, dass der gewohnte Tagesablauf durcheinandergeraten ist. Was sich gerade zu Beginn des Ruhestands nicht vermeiden lässt. Auch wenn es Sie Überwindung kostet – sorgen Sie dafür, dass Sie wieder einen Rhythmus haben, auf den sich Ihr Körper einstellen kann. Gehen Sie möglichst immer zur gleichen Zeit schlafen und stehen Sie auch zur gleichen Zeit auf. Schaffen Sie Rituale wie einen Morgenspaziergang, verteilen Sie Ihre Mahlzeiten über den Tag und halten Sie die gewählte Uhrzeit ein. Und achten Sie darauf, dass sich Ihre Aufgaben mit Entspannung abwechseln, dass Sie von Montag bis Freitag einen Alltag mit Feierabend und dann wieder ein Wochenende haben. Das tut Ihrem Körper und Ihrer Seele gut und Sie werden schnell merken, wie positiv sich dies auf Ihre Motivation auswirkt.

Bewegen Sie sich

Wenn Sie antriebslos sind und sich nicht um Ihre Pläne kümmern wollen, dann nutzen Sie die Zeit für ein wenig Bewegung. Gehen Sie spazieren, machen Sie den Kopf frei mit der Art von Sport, der Ihnen guttut. Bewegung wirkt immer, schon nach Kurzem sieht die Welt ganz anders aus, weil Sie eine bessere Stimmung haben und wieder klare Gedanken fassen können. Je mehr Sie Ihren Körper mit Bewegung fordern, umso besser werden Sie sich auch mental fühlen. Denn Körper, Gefühle und Gedanken hängen, wie Sie ja schon wissen, ganz eng zusammen und können auch nur gemeinsam funktionieren. Deshalb können Sie sogar durch Ihre Körperhaltung Ihre Stimmung beeinflussen.

»Kopf hoch!«

In einem wissenschaftlichen Forschungsprojekt wurde eine Teilnehmergruppe aufgefordert, zwei Minuten lang eine aufrechte, stolze Haltung mit erhobenem Kopf einzunehmen. Eine zweite Gruppe sollte die Schultern hochziehen und den Kopf senken. Danach wurden bei den Teilnehmern die Hormonwerte gemessen.

Die Körperhaltung der zweiten Gruppe steigerte die Produktion der Stresshormone, die der ersten Gruppe kurbelte die Testosteronproduktion an. Testosteron braucht man, um sich motiviert, leistungsbereit und durchsetzungsfähig zu fühlen. Selbst wenn man nur den Kopf hebt, fühlt man sich schon besser. Weil der Blick nicht mehr auf den Boden gerichtet ist und sich das Blickfeld weitet. Die gut gemeinte Aufforderung »Kopf hoch« ist daher nicht nur eine Redensart – sie ist tatsächlich ein guter Tipp.

Ein kleines Experiment

Setzen Sie sich völlig teilnahmslos und desinteressiert auf den Stuhl – Ihre Schultern und die Mundwinkel lassen Sie schlaff herunterhängen und sinken mit krummem Rücken zusammen. Bleiben Sie eine Minute so sitzen. Wie fühlt sich diese Haltung an?

Nun stehen Sie auf, schütteln, recken, strecken sich und setzen sich dann wieder hin. Aber diesmal so, als wären Sie voller Interesse und sprühten vor Energie. Ihr Rücken ist kerzengerade, Ihre Augen fassen wach ein Ziel ins Auge, Sie lächeln.

Erwartungsvolle Spannung und Neugier liegen in Ihrem Gesichts- und Körperausdruck. Bleiben Sie auch in dieser Haltung eine Minute. Und? Wie fühlen Sie sich damit?

Stehen Sie nun wieder auf, strecken und schütteln Sie sich noch einmal und vergleichen Sie Ihre gerade gemachten Erfahrungen. Bei der interessierten Körperhaltung haben Sie viel mehr Tatkraft und Energie verspürt als bei der teilnahmslosen, oder?

Probieren Sie folgende Körperhaltungen aus, bis Sie die gefunden haben, mit der Sie sich richtig gut fühlen:

1. »Die Welt umarmen«: Richten Sie sich auf und machen Sie sich so groß wie möglich.

2. »Fester Stand«: Stützen Sie Ihre Arme seitlich auf die Hüften und stellen Sie sich breitbeinig hin.

3. »Lässig«: Lehnen Sie sich entspannt im Sessel zurück, verschränken Sie die Arme hinter dem Kopf und lächeln Sie!

Wenn Sie im Laufe des Tages immer mal wieder in Ihre Lieblingshaltung gehen, werden Sie feststellen, dass Ihre Motivation bald wieder da ist.

Nach all dem, was Sie nun gelesen haben – was, vermuten Sie, könnte die Ursache für Ihr Motivationstief sein? Und was können Sie tun, um es zu überwinden?

Mein Motivationstief hat wahrscheinlich damit zu tun, dass …

_____

_____

Ich kann mir vorstellen, dass mir Folgendes hilft:

_____

_____

Ich werde nun Folgendes tun:

_____

_____

Wenn Sie das Gefühl haben, dass Ihre Motivation trotz Ihrer Be-
mühungen nicht wiederkommt und sich Ihre Lustlosigkeit auf
sämtliche Bereiche Ihres Lebens auswirkt, obwohl Sie sich mit
den möglichen Ursachen beschäftigt haben, steckt mehr dahinter
als die Scheu vor dem geplanten Projekt. Dann ist es ratsam, dass
Sie mit Hilfe eines Arztes, Psychologen oder Psychotherapeuten
herausfinden, woher Ihre Demotivation kommt. Manchmal stecken uralte Blockaden aufgrund von tief verwurzelten Ängsten
dahinter, die Sie nur mit professioneller Hilfe erkennen und lösen
können.

KAPITEL 8

Ihr soziales Netzwerk

Wir sind soziale Wesen, wir brauchen Freundschaften, Kontakte und Beziehungen, um uns wohlzufühlen und zu entfalten. Hier kümmern wir uns darum, wie Sie Ihre Kontakte pflegen, Ihr soziales Netzwerk erhalten und weiter ausbauen und dabei auch das Internet mit seinen Social-Media-Plattformen nutzen.

»Meine Empfehlung für alle, die in Ruhestand gehen: sich vorher schon gut zu vernetzen. Jemand, der gut vernetzt ist, bleibt es später auch«, sagt Anna, 72. Selbst hat sie erst sieben Jahre nach ihrer Pensionierung, als sie gesundheitliche Probleme hatte, schmerzlich gemerkt, wie sehr ihr Menschen fehlen. »Kontakte sind einfach total wichtig und sie zu pflegen ebenso.«

Gemeinsam etwas zu unternehmen, miteinander zu reden oder auch einfach nur die Gegenwart von anderen zu spüren – gute soziale Beziehungen gehören zu unseren Grundbedürfnissen, sie machen einen Teil unserer Identität aus und sorgen dafür, dass wir uns wohlfühlen. Denn die Begegnung mit Menschen, die wir lieben und mögen, lässt Glückshormone durch unseren Körper fließen. Wir fühlen uns innerlich stark und den Herausforderungen unseres Alltags gewachsen. Darüber hinaus hält der Kontakt zu Menschen unsere grauen Zellen fit, beruhigt uns im Leid und verlängert unser Leben. Beziehungen sorgen für die Ausschüttung des Kuschelhormons Oxytocin, das uns Verzeihen möglich macht und uns Liebe und Entspannung fühlen lässt. Die Unterstützung, das Wohlwollen und der Austausch mit anderen schenkt aber noch mehr: Wir haben das Gefühl dazuzugehören, anerkannt und gebraucht zu werden. Wir fühlen uns wohl und blühen regelrecht auf, wenn man uns Wertschätzung entgegenbringt. Unser Selbstbewusstsein wird gestärkt und anstatt uns im täglichen Einerlei zu verlieren, verfolgen wir Ziele, übernehmen im Freundes- und Bekanntenkreis Aufgaben und tragen Verantwortung. Wir erleben innere Stärke und Sinn. Und der ist, wie Sie wissen, der Treibstoff für unseren Lebensmotor schlechthin.

1 Wenn die Kollegen nicht mehr da sind

Im Ruhestand fällt mit den beruflichen Aufgaben auch noch schlagartig das tägliche Zusammensein und Plaudern mit den Kollegen weg. Selbst wenn man sich über den einen oder anderen immer mal wieder geärgert hat: Man hat sich im Laufe der Jahre aneinander gewöhnt. Nun wird der Lebensmensch zur wichtigsten Bezugsperson, zum Hauptansprechpartner.

Wer alleine lebt, fällt hier nicht ganz so weich. Er muss sich jeden Gesprächspartner »organisieren«. Und stellt über kurz oder lang vielleicht betroffen fest, dass er versäumt hat, neben dem Beruf ein funktionierendes Netzwerk aufzubauen. Während des Arbeitslebens fiel es gar nicht so auf, dass der Freundes- und Bekanntenkreis sehr klein war. Aktiv gepflegt wurde er auch nicht. Und nun ist das Gespräch mit der Verkäuferin in der Bäckerei oder mit dem Nachbarn womöglich der einzige Kontakt, mit dem man rechnen kann. Dass man sich dann wie abgeschnitten fühlt, über Einsamkeit klagt und der Fernseher zum besten Freund wird, verwundert nicht.

Wie sieht Ihr soziales Netzwerk aus?
Schauen Sie sich das Netz Ihrer Beziehungen mal genauer an. Dazu brauchen Sie nur zwei Din-A4-Blätter, einen Stift und eine halbe Stunde Zeit.

1. Malen Sie auf dem ersten Blatt einen Kreis in die Mitte und schreiben Sie »Ich« hinein.

2. Schreiben Sie auf das zweite Blatt die Namen der Menschen, mit denen Sie regelmäßig im Kontakt sind und zu denen Sie eine Beziehung haben. Lassen Sie sich Zeit, damit Sie hier niemanden vergessen.

3. Überlegen Sie dann zu jedem Namen, wie das Verhältnis zu dieser Person ist. Wenn es Ihr Partner ist und Sie eine schöne und harmonische Beziehung haben, dann schreiben Sie den Namen neben Ihren Ich-Kreis und verbinden beides mit einem kurzen, dicken Strich.

4. So verfahren Sie nun mit jedem Namen: Je enger und besser die Beziehung, umso dicker und kürzer der Strich. Je lockerer die Beziehung, umso dünner und länger ist der Strich. Sie können auch geschlängelte oder unterbrochene Linien zeichnen, wenn Sie finden, dass die Beziehung eher schwierig oder wenig beständig ist.

Mit dieser Bestandsaufnahme Ihrer Kontakte erkennen Sie, welche eng und belastbar sind und welche eher unverbindlich. Freuen Sie sich über die Menschen, die nah an Ihrer Seite sind. Und überlegen Sie auch, ob unter den Menschen, mit denen Sie ein loser Kontakt verbindet, jemand ist, mit dem Sie gern enger verbunden wären.

Anna, 72, ist selbstkritisch:
»In letzter Zeit fällt mir vor allem auf, dass ich nicht gut vernetzt bin. 90 Prozent meiner Freunde wohnen weit weg, in meiner Heimatstadt. Am Telefon führen wir immer sehr lange Gespräche, und manchmal sehen wir uns auch. Ich kann mich glücklich schätzen, dass ich sie habe. Aber das ist nicht das

Gleiche, als würde man um die Ecke wohnen. Die Einsamkeit, denke ich, ist mein Hauptproblem. Durch den Beruf meines Mannes sind wir sehr viel umgezogen, und hier in der Stadt, wo ich nun lebe, kenne ich nicht so viele. Mir war gar nicht bewusst, wie alleine ich eigentlich bin. Ich wollte das nie wahrhaben. Zur Zeit versuche ich vor allem, Kontakte aufzubauen. Aber das ist nicht so leicht, es passt einem ja auch nicht jeder. Ich muss gestehen, dass ich da nicht gerade die einfachste Person bin. Da muss ich wahrscheinlich auch dran arbeiten.«

Quantität, Qualität und Vielfalt

Wie nun sieht Ihr Netzwerk aus? Ist es eng geknüpft oder eher locker und ziemlich überschaubar?

Wir alle haben unterschiedliche Kontaktbedürfnisse, nicht jeder ist der Typ für ein großes Netzwerk. Extrovertierte Menschen sind sofort mit jedem im Gespräch und lieben den Austausch, während es Introvertierten eher schwerfällt (wenn es sie nicht gar Überwindung kostet), in Kontakt zu gehen. Ein weit ausgespanntes Netzwerk mit vielen Kontakten bedeutet auch nicht automatisch, dass man sich darin aufgehoben fühlt und es funktioniert, wenn man wirklich Hilfe braucht. Ein kleines mit erprobten, belastbaren Beziehungen kann oftmals viel besser tragen und auch sehr viel befriedigender sein. Es kommt also nicht auf »je mehr Kontakte desto besser« an, sondern darauf, dass Sie auf die, die Sie haben, zählen können. Und dass Sie diese kostbaren Kontakte auch weiter pflegen.

Soziale Beziehungen geben Ihnen aber nicht nur Halt – sie tragen auch dazu bei, dass Sie das Leben führen können, das Sie sich für sich wünschen. Das hat die »Vermächtnisstudie«, die die Wochenzeitung ›Die Zeit‹, das Wissenschaftszentrum Berlin für Sozialforschung und das Institut für angewandte Sozialwissenschaften (infas) 2016 durchführte, ergeben. Rund 3000 Menschen in Deutschland antworteten darin auf Fragen zu verschiedenen Lebensbereichen: wie sie die aktuelle Situation einschätzen, was sie von ihrer Zukunft erwarten und auch, was sie künftigen Generationen empfehlen würden. Ein Ergebnis der Studie war, dass Menschen, die einen sehr heterogenen Freundes- und Bekanntenkreis haben, sich im Leben besser aufgehoben fühlen und auch mehr Mut haben, Neues zu beginnen. Ihr soziales Netzwerk ist also auch bezüglich Ihrer Zukunftsgestaltung eine ganz wichtige Ressource.

Beziehungen »erleben«

Kennen Sie das: Man sitzt mit Freunden am Kaffeetisch, unterhält sich angeregt über Gott und die Welt und plötzlich ist es 20 Uhr? Erfüllt von der schönen Begegnung geht man nach Hause und immer, wenn man in den nächsten Tagen an sie denkt oder auch daran, diese Freunde bald wieder zu sehen, fließt eine Welle der Freude und des Wohlbefindens durch den Körper.

Dafür, dass die wohltuenden Folgen von Beziehungen in unserem Leben auch tatsächlich Wirkung zeigen, ist ein Faktor ganz entscheidend: Wir müssen sie erleben. Erinnern Sie sich an die Männer im Kloster aus dem ersten Kapitel. Diese haben ihren Körper und ihren Geist verjüngt, weil sie sich emotional völlig ihrer »Zurück in die Vergangenheit«-Umgebung überlassen haben.

Bei sozialen Beziehungen ist es genauso. Je mehr wir diese »erleben«, also die Verbindung zum anderen bewusst spüren und ihn nicht nur auf dem Papier in unserer Netzwerk-Übersicht zu unseren Wohlfühlfaktoren zählen, umso intensiver können sie ihre segensreiche Wirkung entfalten.

Dabei muss der andere Mensch nicht einmal zwingend da sein, man muss nicht immer direkt im Kontakt mit ihm sein. Sie sind auch dann mit ihm verbunden, wenn Sie mit einem Gefühl von Wohlwollen und Dankbarkeit an ihn denken. Denn unser Gehirn unterscheidet bekanntlich nicht zwischen Realität und Phantasie. Und die positiven Gefühle, die Sie beim Denken an den anderen erleben, wirken sich sofort auf Ihren Körper und Ihre Gesundheit aus.

Wenn also mal niemand da ist, Sie aber gern einen Menschen um sich hätten – Ihre Kontaktbörse und Menschenmedizin haben Sie in Ihrem Kopf und Ihrem Herzen immer dabei.

Stefan, 56 Jahre, kündigte seinen Job im Vertrieb eines internationalen Unternehmens, machte ein Sabbatical und trat danach wieder eine neue Stelle an:

»Obwohl ich, nachdem ich mich entschieden hatte, meine Arbeit zu kündigen, noch nicht wusste, wie es beruflich weitergehen würde, wollte ich meinen 50. Geburtstag richtig groß feiern und meinen Freundeskreis zusammenbringen. Da waren mir dann auch die Kosten egal. Manche haben gesagt: ›Mensch, du weißt doch gar nicht, was sein wird. Dass du jetzt so groß feierst ...‹ Ich habe ihnen geantwortet: ›Die Leute, die ich einlade, sind alles Menschen, die mir sehr viel bedeuten. Es ist mir ganz einfach wichtig, dass sie kommen und sich bei mir wohlfühlen.‹ Freunde sind eine ganz wichtige Säule in meinem Leben. Das war so, als ich nach meiner Kündigung in der Phase der beruflichen Neuorientierung steckte, und ist es auch jetzt noch. Ich gehe oft mittags oder abends mit Freunden essen, ich treffe mich mit ihnen in der Stadt und versuche, alte Kontakte aufrechtzuerhalten. Die sind mir wichtig, die geben mir Kraft. Kontakte, bei denen ich dagegen das Gefühl habe, dass sie mich Kraft kosten, schränke ich eher ein. Für die anderen aber setze ich mich immer ein.«

Energie tanken

Denken Sie jeden Morgen oder zu einer anderen ruhigen Zeit am Tag an einen Menschen, der Ihnen am Herzen liegt und für dessen Freundschaft oder Bekanntschaft Sie dankbar sind. Das kann immer derselbe Mensch sein. Wenn es mehrere sind, widmen Sie jeden Tag einem anderen Ihre Aufmerksamkeit. Schließen Sie die Augen, stellen Sie ihn sich vor und sagen Sie in Gedanken zu ihm: »Ich freue mich sehr, dass wir uns kennen und auf eine so schöne Weise miteinander verbunden sind.« Oder wenn Sie etwas ganz Konkretes mit diesem Menschen verbinden: »Ich bin so glücklich darüber, dass du ...« Wichtig ist, dass Sie das, was Sie zu diesem Menschen sagen, nicht nur vor sich hin murmeln, sondern Ihre Freude, Ihr Glück oder Ihre Dankbarkeit auch tatsächlich fühlen. Das mag am Anfang etwas ungewohnt sein. Aber je öfter Sie diese Übung machen, umso schneller wird sich das Gefühl dazu einstellen. Wenn Sie sie gleich nach dem Aufstehen machen, laden Sie sich schon morgens mit guter Energie auf, von der Sie im Laufe des Tages zehren können.

2 Wie Sie Ihre Netze knüpfen

Je eher Sie damit anfangen, Beziehungen aufzubauen und zu pflegen, umso besser. Kontakte sind wie Topfpflanzen: Sie wollen gehegt und gepflegt werden. Überlässt man sie sich selbst, gehen sie ein. Werden sie hingegen aufmerksam umsorgt, gedeihen sie prächtig. Aus unverbindlichen Kontakten, um die man sich regelmäßig kümmert, können im Laufe der Zeit die schönsten Freundschaften erblühen und gemeinsame Erlebnisse zu unvergesslichen Erinnerungen werden.

Kontakte knüpfen können Sie lebenslang und sollten es auch. Denn immer wenn Sie Ihre Fühler ausstrecken, haben Sie die Chance, eine verwandte Seele zu treffen. Und sich durch eine nette neue Bekanntschaft inspiriert und bereichert zu fühlen. Nutzen Sie also beherzt Ihre Möglichkeiten:

Bleiben Sie an Ihren Menschen dran

Wenn Sie gern mit Ihrer Familie und auch Ihren nächsten und weiter entfernten Verwandten zusammen sind, dann kümmern Sie sich künftig mehr um sie. Planen Sie gemeinsame Unternehmungen und Feste, interessieren Sie sich für die Familienzweige und – auch wenn es Aufwand bedeutet – besuchen Sie die Verwandten, für die Sie bisher wenig bis gar keine Zeit hatten. Falls Sie fürchten, dass jemand sagen könnte: »Jahrelang meldet sie sich nicht – und plötzlich sind wir interessant«, dann können Sie ruhig sagen, wie es ist: dass Sie bisher durch das eigene Leben so in Beschlag genommen waren, Sie nun aber endlich Zeit für die Dinge und Menschen haben, die Ihnen wichtig sind, und dass die Familie und Verwandtschaft für Sie dazugehört. Wer das nicht versteht, mit dem müssen Sie sich auch nicht abgeben.

Machen Sie eine Tabelle, mit wem Sie sich in nächster Zeit verabreden oder wem Sie eine SMS schicken möchten, wen Sie anrufen oder anmailen möchten und wann Sie das tun werden. Einen Abend oder Nachmittag pro Woche sollten Sie mindestens für Ihre Menschen einplanen. Kontakte halten ist eine echte Aufgabe. Die aber Spaß macht und immer Früchte trägt, weil Sie nicht nur dem anderen, sondern auch sich selbst viel Gutes damit tun.

Haben Sie langjährige Freunde, für die Sie bisher aber zu wenig Zeit hatten und die vielleicht inzwischen auch im Ruhestand sind? Dann regen Sie an, sich regelmäßig zu gemeinsamen Aktivitäten zu verabreden, oder rufen Sie einen »Stammtisch« ins Leben. Blättern Sie auch einmal in Ihrem Adressbuch: Von wem haben Sie schon lange nichts mehr gehört, hätten aber gerne wieder Kontakt? Rufen Sie einfach an! Vielen geht es genauso wie Ihnen, aber sie haben nicht den Mut, sich nach so langer Zeit wieder zu melden.

»Alte« Freunde wiederfinden

Auf Ihrer Liste können auch Menschen stehen, die Sie seit Ewigkeiten nicht gesehen und völlig aus den Augen verloren haben, bei denen Sie aber merken, dass Sie gern wissen würden, wie es ihnen geht und wie sie ihr Leben verbringen. Eine sehr effektive Möglichkeit, Menschen wiederzufinden, ist die Suche in sozialen Netzwerken wie Facebook. Solange Sie sie nur finden wollen, müssen Sie selbst dort kein Mitglied sein, erst wenn Sie mit ihnen in Kontakt treten möchten, müssen Sie sich anmelden. Die Mitgliedschaft kostet aber nichts.

Eine weitere Suchmöglichkeit, speziell wenn es um ehemalige Schulfreunde geht, ist die Website »www.stayfriends.de«. Dort recherchiert man über Schule und Abgangsjahr. Auch hier ist die Suche selbst kostenlos, wenn man allerdings Kontakt aufnehmen möchte, muss man eine kostenpflichtige Mitgliedschaft abschließen.

Und man kann natürlich auch immer die Namen ehemaliger Freunde und Bekannten im Internet mit Suchmaschinen wie Google recherchieren. Oft findet man dort ein Bild oder einen Text, die einen bei der Suche wieder einen Schritt voranbringen. Oder gleich eine E-Mail-Adresse oder sogar eine Homepage. Wenn jemand noch beruflich tätig ist und dazu noch selbständig, ist dies sogar sehr wahrscheinlich.

Es gibt noch weitere Plattformen, auf denen Sie Personen wiederfinden können. Googeln Sie einfach »Personensuchmaschinen«.

Lassen Sie sich auch nicht von einem zweiten Versuch abhalten, wenn jemand auf Ihre erste Mail oder Ihre Nachricht auf dem Anrufbeantworter nicht reagiert hat. Das ist oft keine Absicht. Sie wissen ja selbst, was alles so dazwischenkommen kann und wie schnell eine Woche vergeht. Wenn auch beim erneuten Versuch nichts zurückkommt, können Sie natürlich auch noch einen dritten Anlauf nehmen. Vielleicht hat sich ja in der Zwischenzeit die Adresse geändert. Vielleicht will der andere aber aus irgendeinem Grund einfach keinen Kontakt. Das ist sein gutes Recht, auch wenn es für Sie schmerzhaft und kränkend ist. Immerhin wissen Sie dann, woran Sie sind, und können sich auf die Menschen konzentrieren, die Sie lieben und schätzen und bei denen Sie willkommen sind.

Netzwerken Sie mit früheren Kollegen

Für Männer ist der Beruf oft über Jahrzehnte der wesentliche Lebensinhalt, langjährige Freundschaften zu pflegen wird oft den Partnerinnen überlassen. Die eigenen Kontakte stammen meist zu großen Teilen aus dem Arbeitsumfeld und brechen mit dem Ruhestand in der Regel ab. Aber Ihre Kollegen gehen früher oder später auch in den Ruhestand. Warum nicht die Gelegenheit nutzen und die netten Gespräche wiederaufleben lassen?

»In meinem Kollegenkreis ging einer nach dem anderen in Pension«, erzählt Klaus. »Wir hielten Kontakt und es hat sich ein fester Kern, bestehend aus vier Ehemaligen, gebildet. Den Dienstag haben wir schon vor Jahren als Jour fixe eingeführt, an dem wir Sport machen oder in die Sauna gehen. Irgendwann haben wir auch angefangen, längere Radtouren zu machen – in diesem Jahr wird es die 13. sein. Mit anderen aus der Firma treffe ich mich alle vier bis sechs Wochen.«

Investieren Sie in neue Beziehungen

Wenn Sie noch nicht im Ruhestand sind – welche Bekannten außerhalb Ihres Kollegenkreises haben Sie, die Sie gern näher kennenlernen möchten und mit denen Sie sich vorstellen könnten, einen Teil Ihrer Freizeit zu verbringen? Vielleicht einen Sportkurs zu besuchen oder sich zu anderen Unternehmungen zu verabreden? Sprechen Sie sie an und schlagen Sie einfach etwas vor. Dann merken Sie bald, ob das Interesse gegenseitig ist und aus einer Verabredung mehrere werden.

Manche finden es in fortgeschrittenem Alter schwierig, Bekanntschaften zu machen und vielleicht als Neue zu einer Gruppe dazuzustoßen. Dabei sind »frisches Blut« und neue Anregungen meist sehr willkommen. Daher nur Mut, einfach auf die Menschen zugehen, irgendwo mitmachen, dabei sein. Teil einer Gemeinschaft zu werden und das Gefühl in sich wachsen zu spüren, allmählich dazuzugehören, ist das Ganze in jedem Fall wert.

Es fällt Ihnen schwer, auf Menschen zuzugehen?

Dann machen Sie doch einmal Folgendes: Stellen Sie sich den Menschen, mit dem Sie gern in Kontakt kommen würden, vor. Stellen Sie sich weiter vor, wie Sie ihn ansprechen und mit ihm im Gespräch sind. Wie würden Sie sich fühlen, wenn Sie sich tatsächlich überwunden hätten, auf diesen Menschen zuzugehen? Was könnte schlimmstenfalls passieren? Und selbst wenn Ihre Befürchtung tatsächlich einträfe – wäre das dann eine Katastrophe? Viel wichtiger aber: Was würden Sie gewinnen? Ist das nicht das Risiko wert?

Karoline, 76, freut sich über Gesellschaft:

»Ich bin erst in meinem Ruhestand so richtig nach Hamburg gezogen. Und im Gegensatz zu meinem Mann, der durch die Arbeit fest integriert war und bis heute hier seine Kreise hat, hatte ich diese nicht. Ich bin hier nicht aufgewachsen, nicht zur Schule gegangen, habe hier nicht gearbeitet und keine Kinder großgezogen. Dann ist es mühsam, Fuß zu fassen. Alle haben schon ihre festen Verbindungen. Wenn meine Nachbarin nicht gesagt hätte: ›Mensch, komm doch mal mit zum Sport‹, würde ich da heute noch nicht hingehen. Dabei ist das so eine nette Gruppe! Manchmal muss man eben auch das Glück haben, dass jemand erkennt, dass man nicht so integriert ist und einen Schubs braucht. Inzwischen kenne ich viele Menschen. Durch den Musikkurs bei der VHS, durch die Nachbarschaft und auch durch meine Schwester, die in der Nähe wohnt.«

Suchen Sie Menschen mit Ihren Interessen

Neue Kontakte knüpfen Sie am einfachsten, wenn Sie dorthin gehen, wo Menschen sind, die die gleichen oder ähnliche Interessen wie Sie haben – also in die entsprechenden Vereine, in

Kurse oder Seminare. Gehen Sie ins Theater und Konzert, zu Vorträgen, Buchpräsentationen und Veranstaltungen. Dort kommt man über das Thema leicht ins Gespräch und schon ist der Anfang eines Kontakts gemacht. Selbst wenn dieser nicht weitergeführt wird – Sie haben ein schönes Erlebnis gehabt. Auch wenn Sie sich für Ihre Nachbarschaft, Ihren Stadtteil oder gesellschaftliche Themen wie Energiefragen, Umweltschutz oder Schulbildung engagieren, treffen Sie in den jeweiligen Ausschüssen immer auf Gleichgesinnte. Und natürlich auch bei Ihren Hobbys. Gehen Sie zu jeder Jahreszeit raus, machen Sie geführte Wanderungen mit dem Alpenverein oder vergleichbaren Organisationen oder auch geführte Stadtrundgänge an Ihrem Wohnort.

Das Angebot an Möglichkeiten für Unternehmungen ist riesig. Recherchieren Sie online zu den Themen, die Sie interessieren. Mit Stichwörtern wie »Plattform Freizeit Ü50« finden Sie Angebote, die sich speziell an Ältere richten. Recherchieren Sie aber auch im Lokalteil Ihrer Tageszeitung. Gibt es etwas, das Sie spontan interessant finden? Was hat Sie bisher davon abgehalten, dort hinzugehen? Vielleicht der Weg? Gibt es eine ähnliche Einrichtung, die näher ist? Was könnte Ihnen helfen, die Hürde, dort einmal vorbeizuschauen, zu überwinden? Vielleicht dass Sie dort das erste Mal nicht alleine hingehen, sondern sich von einem Freund oder Bekannten begleiten lassen?

Lassen Sie sich von Jüngeren inspirieren

Nichts hält fitter als der Kontakt mit Jüngeren. Wenn Sie im Verwandten- oder Bekanntenkreis junge Menschen haben, dann unterhalten Sie sich mit ihnen. Finden Sie heraus, was sie bewegt, welche Vorlieben und Interessen sie haben. Zum Beispiel bei der Musik. Welche Musikrichtung ist gerade angesagt? Wenn Sie damit nichts verbinden, dann lassen Sie sich diese erklären, am besten gleich vorspielen. Jüngere Menschen haben auch eine andere Sprache. Wenn Sie den Impuls verspüren, sich darüber zu mokieren oder, im Gegenteil, sie zu imitieren, versuchen Sie, ihm möglichst nicht nachzugeben.

Üben Sie sich im Smalltalk

Ein unverbindliches Gespräch, aus dem mehr entstehen kann, können Sie mit vielen Menschen führen: mit den Nachbarskindern, der Mitarbeiterin am Postschalter, dem Mitreisenden im Zug oder den Sängern in Ihrem großen Chor, mit denen Sie – auch wenn Sie schon länger dabei sind – noch nie gesprochen haben.

Sie sollen gar nicht tief in das Gespräch einsteigen, sondern nur den Kontakt genießen und einfach mal darauf achten, welche Veränderungen Sie in Ihrer Stimmung und Ihrem Körpergefühl wahrnehmen. Denn schon kurze freundliche Begegnungen lösen positive Reaktionen aus: Die Herzfrequenz verändert sich und Wohlfühlhormone werden ausgeschüttet.

Hier einige Grundregeln:

- Lächeln Sie die Person, mit der Sie Kontakt aufnehmen möchten, an. Lächeln ist ein echter Brückenbauer.
- Das Wetter bietet sich als Gesprächseinstieg immer an. Menschen reden aber auch gern von sich selbst und freuen sich über das Interesse an ihrer Person. Fragen Sie daher nach Hobbys oder den Lieblingsurlaubszielen.
- Wenn Sie den Namen wissen, sprechen Sie Ihr Gegenüber persönlich an. Beim Namen genannt zu werden tut immer gut.
- Wenn das Eis gebrochen ist, versuchen Sie das Gespräch am Laufen zu halten, indem Sie Fragen stellen. Vermeiden Sie solche, die nur mit Ja oder Nein beantwortet werden können. Wichtig ist auch, dass Ihr Interesse nicht wie Nachbohren klingt.

Im Internet gibt es viele Angebote, die hilfreiche Kunst des Smalltalks zu lernen. Recherchieren Sie »Smalltalk lernen« oder schauen Sie sich Videos dazu auf Youtube an. Noch besser, wenn Sie an einem Kurs an der Volkshochschule oder einer anderen Bildungseinrichtung teilnehmen. Dort haben Sie dann nämlich auch gleich die Gelegenheit, mit den anderen Teilnehmern zu üben.

Nutzen Sie Gelegenheiten

Sie sind gerade in der Nähe? Dann rufen Sie Ihre Freundin an und fragen, ob sie Lust und Zeit auf einen Kaffee im Coffeeshop an der Ecke hat. Oder Sie haben vor der Vorlesung noch eine Stunde Zeit und kommen auf einen Sprung vorbei. Oder Sie kochen wie Dorothea für die ehemalige Kollegin und machen einen Klönnachmittag daraus. Fragen Sie auch Menschen, die Sie vielleicht noch gar nicht so gut kennen, um Rat, wenn Sie einen brauchen: den Bekannten, der Orchideen züchtet, wenn die eigene Pflanze kränkelt, oder die Nachbarn, die schon so lange in der Gegend wohnen und sich richtig gut auskennen. Entwickeln Sie immer auch Interesse an dem, was die anderen tun. Das ist keine Neugier, sondern ein Zeichen Ihrer Wertschätzung. Aus einem netten Kontakt entstehen weitere Begegnungen und Sie können nie wissen, welcher Schatz in dieser Beziehung vielleicht verborgen ist.

Seien Sie großzügig

Machen Sie Ihren Freunden und Bekannten auch ab und zu ein Geschenk. Ohne Anlass. Nein, doch mit Anlass. Nämlich Ihrer Dankbarkeit, dass diese Menschen in Ihrem Leben sind. Das Geschenk muss überhaupt nichts Großes sein, es geht mehr um die Geste, mit der Sie zeigen, wie gern Sie diesen Menschen haben und dass Sie an ihn denken. Der Beschenkte versteht die Botschaft hinter dem Geschenk und freut sich. Denn wer möchte nicht für jemand anderen etwas Besonderes sein? Gleichzeitig stärken Sie mit Ihrem Geschenk auch die Bindung zueinander.

Denn – ob bewusst oder unbewusst – wir schenken nicht ganz uneigennützig. Wir möchten dafür auch immer ein Stück gemocht werden. Und wir schenken, weil es eine so schöne Erfahrung der Freude ist, die, wie es im Sprichwort heißt, »in das eigene Herz zurückkehrt«.

Überlegen Sie, wie und mit wem Sie wohnen möchten

Nachbarn sind immer wichtig. Vor allem, wenn Sie kinderlos sind oder Ihre Kinder weit weg wohnen. Überlegen Sie so früh wie möglich, wie und mit wem Sie später wohnen möchten. Vielleicht können Sie mit Freunden oder sehr guten Bekannten in ein Haus ziehen. Oder gemeinsam eine große Wohnung mieten? Oder eine Nachbarschaft im Rahmen von Wohnprojekten gründen, bei der alle Generationen zusammenkommen. Es gibt mittlerweile sehr viele Wohnmodelle, in denen sich räumliche und soziale Nähe wunderbar kombinieren lassen und man trotzdem seinen eigenen Freiraum behält. Informieren Sie sich und sprechen Sie die Menschen in Ihrem Freundes- und Bekanntenkreis an, mit denen Sie sich gemeinsames Wohnen vorstellen können.

Stellen Sie keine Bedingungen

Bei richtig guten Freunden gibt es keine Bedingungen. Sie sollten das Gefühl haben, sich in schwierigen Situationen gegenseitig auch in der Nacht anrufen zu können, sollten einander verstehen wollen, sich unterstützen, Mut machen und auch verzeihen können. Gute Freunde sind die, denen Sie nichts vormachen müssen. Und die auch Ihnen nichts vormachen. Gute Freunde sind – wie der Lebensmensch auch – ein Sechser in der Lotterie des Lebens. Ein riesiges Glück, für das man aus tiefstem Herzen dankbar sein sollte.

Wohlfühlen, Lebensqualität und gute Beziehungen stehen in einem engen Zusammenhang. Darum ist es wichtig, ein funktionierendes Netzwerk zu haben. Und ebenso wichtig ist es, das rechte Maß zwischen Kontakt und Rückzug zu finden. Das können nur Sie alleine.

Welche Impulse nehmen Sie aus diesem Kapitel mit? Was haben Sie über sich und Ihre Beziehungsgestaltung herausgefunden? Was möchten Sie so lassen, wie es ist? Und was verändern?

Ich habe festgestellt dass mein soziales Netzwerk …

_____

_____

Ich denke, ich sollte …

_____

_____

Ich werde nun Folgendes tun:

_____

_____

Schluss

Jetzt sind Sie am Ende von ›Zeit für Neues‹ angekommen. Vom ersten Aufschlagen des Buches bis hierher haben Sie eine Fülle an Informationen über sich und Ihre neue Lebensphase sammeln können. Und hoffentlich auch Inspiration und viele Impulse gefunden, um Ihren Weg nun weiter dorthin zu gehen, wo Sie ankommen möchten. Dabei werden Sie sicherlich immer wieder vor Situationen stehen, die Sie herausfordern und vielleicht auch an sich zweifeln lassen. Das ist absolut normal. Aber denken Sie immer daran: Wenn Sie diesen Zweifel als Teil Ihres Entwicklungsprozesses annehmen und gleichzeitig an sich und Ihre Ziele glauben, wenn Sie auf Ihre Fähigkeiten, Ihren so reichen Erfahrungsschatz und das Leben vertrauen, wenn Sie sich selbst für Ihre Fortschritte belohnen und die Angst vor Misserfolg ausblenden, dann werden Sie an Ihrem Ziel ankommen. Darum geht es: dass Sie Ihre neue Lebensphase neugierig und mutig entdecken, bewusst erleben und nach Herzenslust genießen. Jetzt steht ein neues Stück auf dem Spielplan, in dem Sie als Regisseurin oder als Regisseur all das auf die Bühne bringen können, was Ihnen wichtig ist.

An Folgendes möchte ich uns – mich eingeschlossen – noch erinnern: Unsere Welt ist immer so, wie wir sie sehen, und unser Leben ist immer das, was wir aus uns machen. Diese Chance zur Gestaltung haben wir glücklicherweise lebenslänglich. Unser gesamtes Leben stehen wir vor neuen Anfängen, die Hermann Hesse auf so unnachahmlich ermutigende Weise in seinem berühmten Gedicht ›Stufen‹ beschrieben hat: »Und jedem Anfang wohnt ein Zauber inne, der uns beschützt und der uns hilft zu leben.«

Dass Sie sich vom Anfang Ihrer neuen Lebensphase verzaubern lassen und dem vielen Unbekannten mit der Frage begegnen: »Was da wohl wieder alles an Chancen drinsteckt?«, dass Sie sich immer wieder von sich selbst überraschen lassen – das wünsche ich Ihnen.

ANHANG

Adressen von Organisationen, Verbänden und Initiativen

Ehrenamtliches Engagement

Deutschland

Aktive Bürgerschaft
Der Verein will dazu beitragen, dass sich eine aktive Bürgerschaft mit mehr Eigen- und Mitverantwortung nachhaltig an der Gestaltung des öffentlichen Lebens beteiligt.
www.aktive-buergerschaft.de

Alt hilft Jung
15 Vereine bieten bundesweit Beratung und Begleitung durch ehemalige Fach- und Führungskräfte aus der Wirtschaft an. Die Mitglieder leisten Hilfe zur Selbsthilfe bei Existenzgründungen, bei der Weiterentwicklung und Sicherung von klein- und mittelständischen Unternehmen und bei Unternehmensnachfolgen.
www.althilftjung.de

Bundesarbeitsgemeinschaft der Freiwilligenagenturen e. V.
Der Dach- und Fachverband der über 500 Freiwilligenagenturen hat das Ziel, Freiwilligenagenturen weiterzuentwickeln und miteinander zu vernetzen. Sie finden dort viele Projekte und können auch mit dem bagfa-Agenturatlas Freiwilligenagenturen in Ihrer Nähe recherchieren.
www.bagfa.de

Bundesarbeitsgemeinschaft Seniorenbüros e. V.
Die Bundesarbeitsgemeinschaft Seniorenbüros e. V. (BaS) ist ein bundesweiter Zusammenschluss der Träger von Seniorenbüros. Sie berät und informiert Menschen, die sich freiwillig engagieren wollen, sie bietet Qualifizierungen und bundesweit Projekte an.
www.seniorenbueros.org

Bundesfreiwilligendienst

Vom sozialen Engagement über Kultur- und Bildungsthemen bis zum Katastrophenschutz reicht das Angebot des Bundesfreiwilligendienstes. Voraussetzung ist, dass man mindestens 20 Stunden pro Woche in das Ehrenamt investieren möchte.
www.bundesfreiwilligendienst.de

Ceno – Centrum für nachberufliche Orientierung (Köln)

Das Centrum zur nachberuflichen Orientierung (Ceno) bietet Menschen ab 50 Jahren Beratung und Weiterbildung nach dem Berufsleben an und vermittelt Möglichkeiten des bürgerschaftlichen Engagements.
www.ceno-koeln.de

Freiwilligendatenbank der Aktion Mensch

In der größten Freiwilligen-Datenbank Deutschlands können Sie Projekte und Initiativen finden, die ehrenamtliche Unterstützer suchen.
www.aktion-mensch.de/projekte-engagieren-und-foerdern/frei
williges-engagement

Informations- und Kontaktstelle Aktiver Ruhestand (Hamburg)

Die Informations- und Kontaktstelle Aktiver Ruhestand (I. K. A. R. U. S.) möchte Ideen und Anregungen für bürgerschaftliches Engagement auf Stadtteil- und Quartiersebene geben und die lebendige Nachbarschaft der Kulturen und Generationen fördern.
www.ikarus-wegweiser.de

Johanniter-Hilfsgemeinschaft

Auch die Johanniter bieten bundesweit vom Sanitätshelfer über die Unterstützung von Pflegebedürftigen bis hin zum Sanitätsdienst viele Möglichkeiten für ein Ehrenamt an.

www.johanniter.de/ehrenamt

Senior Experten Service

Der Senior Experten Service (SES) ist als Stiftung der Deutschen Wirtschaft für internationale Zusammenarbeit weltweit tätig. Seine ehrenamtlichen Einsätze finden in erster Linie in Entwicklungs- und Schwellenländern und in Deutschland statt.

www.ses-bonn.de

Stiftung Gute Tat

Die Stiftung Gute Tat möchte über das Internet möglichst viele hilfsbereite Menschen mit konkreten Hilfsangeboten zusammenbringen und damit die private, individuelle Hilfe von Mensch zu Mensch anregen.

www.gute-tat.de

Stiftung Mitarbeit

Die Stiftung Mitarbeit ist eine parteiunabhängige politische Stiftung bürgerlichen Rechts und will mit ihrer Arbeit die Demokratieentwicklung unterstützen sowie die politische Teilhabe und das bürgerschaftliche Engagement von allen Menschen stärken, die in Deutschland leben.

www.mitarbeit.de und www.buergergesellschaft.de

Ehrenamt in den Bundesländern

Jedes Bundesland hat außerdem noch eine eigene Website, auf der die regionalen Initiativen und Projekte des bürgerschaftlichen Engagements vorgestellt werden.

Baden-Württemberg: www.ehrenamt-bw.de
Bayern: www.lbe-bayern.de
Berlin: www.berlin.de/buergeraktiv und www.freiwillig.berlin
Brandenburg: www.ehrenamt-in-brandenburg.de
Bremen: www.buergerengagement.bremen.de
Hamburg: www.hamburg.de/engagement
Hessen: www.gemeinsam-aktiv.de
Mecklenburg-Vorpommern: www.ehrenamtsstiftung-mv.de
Niedersachsen: www.freiwilligenserver.de
Nordrhein-Westfalen: www.engagiert-in-nrw.de
Rheinland-Pfalz: www.wir-tun-was.rlp.de
Saarland: www.pro-ehrenamt.de
Sachsen: www.ehrenamt-sachsen.de
Sachsen-Anhalt: www.engagiert.sachsen-anhalt.de
Schleswig-Holstein: www.engagiert-in-sh.de
Thüringen: www.thueringer-ehrenamtsstiftung.de

Österreich und Schweiz

Benevoljobs.ch

Benevojobs.ch ist die Schweizer Plattform für Freiwilligenarbeit mit einer großen Ehrenamtsbörse. Unter der Dachorganisation benevol sind in der Deutschschweiz rund 20 regionale Fachstellen zusammengeschlossen, die umfassend zu den Themen der Freiwilligenarbeit informieren und beraten.
www.benevoljobs.ch

Caritas

Die Caritas sucht für viele Gebiete freiwillige Mithilfe.
www.caritas.at/spenden-helfen/freiwilliges-engagement/
https://www.caritas.ch/de/aktiv-werden/als-privatperson-oder-familie/freiwilligenarbeit.html

Diakonie – Freiwillige Mitarbeit

Wie die Caritas auch, sucht die Diakonie immer Freiwillige für ihre vielfältigen Projekte und Aufgaben.

https://diakonie.at/ich-moechte-helfen/mitarbeiten/freiwillige
http://www.kirchenbund.ch/de/themen/freiwilligenarbeit

Freiwilligenmesse

Auf der Freiwilligenmesse – zumeist in Wien – kann man sich umfassend über freiwilliges Engagement informieren.

www.freiwilligenmesse.at

Freiwilligenweb

Auf diesem Portal gibt es viele aktuelle Informationen zum Thema Ehrenamt und auch die Rechte und Pflichten Freiwilliger werden thematisiert. Darüber hinaus kann man nach ehrenamtlichen Projekten suchen und eigene veröffentlichen.

www.freiweilligenweb.at

HELP.gv.at

Auf dieser Seite finden Sie viele Informationen rund um das freiwillige Engagement.

www.help.gv.at

Jobcenter – Ehrenamtliche Arbeit

Eine Liste des Jobcenters mit bundesweiten NGOs und Vereinen, die Ehrenamtliche zum Mithelfen bei ihren Aufgaben suchen.

http://www.jobcenter.at/verein-jobs

NGOJobs.eu

Diese Jobbörse bietet aktuelle Ausschreibungen von Ehrenämtern, Volontariaten und Jobs bei NGOs.

https://www.ngojobs.at/aktiv-werden-ehrenamtliches-engage ment-in-oesterreich/

ÖIF – Ehrenamt beim »Treffpunkt Deutsch«

Wenn Sie Menschen mit Migrationshintergrund beim Deutsch-lernen helfen möchten, ist diese Seite des Österreichischen Inte-grationsfonds (ÖIF) interessant. Der ÖIF unterstützt Sie u. a. auch mit Weiterbildungsangeboten zum Thema Methodik und Didak-tik oder Workshops zu Möglichkeiten der Gestaltung einer Lern-gruppe.

www.integrationsfonds.at/treffpunkt-deutsch-neu/fuer-freiwil lige-oeif/

Rotes Kreuz – Freiwillige Mitarbeit

Auch das Rote Kreuz arbeitet mit Ehrenamtlichen zusammen. Auf der Internetseite kann man nach aktuellen freien Stellen in den einzelnen Bundesländern suchen.

www.roteskreuz.at
www.redcross.ch/de/freiwillig-taetig-beim-srk

Volkshilfe – Ehrenamt

Die Volkshilfe ist eine große gemeinnützige, überparteiliche und überkonfessionelle Organisation. Als soziale Bewegung setzen sich ihre neun Landesorganisationen für die Interessen von so-zial Benachteiligten ein. Die Volkshilfe hat auch eine Ehrenamts-börse.

www.volkshilfe.at/freiwilligenboerse

Verbände und Organisationen

Deutschland

Akademie für Ehrenamtlichkeit Deutschland (AfED)

Die Akademie für Ehrenamtlichkeit Deutschland (AfED) versteht sich als bundesweites Kompetenzzentrum für Ehrenamt und unterstützt Non-Profit-Organisationen durch Fortbildungen, Projekte und Prozessbegleitung in der Weiterentwicklung ihrer Organisation und Freiwilligenkultur.
www.ehrenamt.de

Bundesarbeitsgemeinschaft der Senioren-Organisationen e. V.

Unter dem Dach der Bundesarbeitsgemeinschaft der Senioren-Organisationen e. V. – BAGSO – haben sich über 100 Verbände mit Millionen älterer Menschen zusammengeschlossen. Die BAGSO vertritt ihre Interessen gegenüber Politik, Wirtschaft und Gesellschaft. Mit Veranstaltungen wie dem alle drei Jahre stattfindenden Deutschen Seniorentag und durch Publikationen informiert die BAGSO darüber hinaus über gesundes Altern.
www.bagso.de

Bundesministerium für Familie, Senioren, Frauen und Jugend

Das Bundesministerium für Familie, Senioren, Frauen und Jugend bietet viele interessante Informationen, Programme und Projekte an.
www.bmfsfj.de

Bundesnetzwerk Bürgerschaftliches Engagement

Das Bundesnetzwerk Bürgerschaftliches Engagement (BBE) ist ein Zusammenschluss von Akteuren aus Bürgergesellschaft, Staat und Wirtschaft mit dem Ziel, freiwilliges bürgerschaftliches Engagement in allen Gesellschafts- und Politikbereichen zu fördern. Dazu werden viele Programme und Projekte angeboten.
www.b-b-e.de

Erfahrung ist Zukunft

Die Seite der Bundesregierung informiert umfassend über den demografischen Wandel und die Konsequenzen, die dies für die Gesellschaft und das Zusammenleben der Generationen hat.
www.erfahrung-ist-zukunft.de

Österreich und Schweiz

help.gv.at

HELP.gv.at ist eine behördenübergreifende Plattform im Internet, die zu mehr als 200 Lebenssituationen im Zusammenhang mit Behörden informiert und Material zur Verfügung stellt.
https://www.help.gv.at/Portal.Node/hlpd/public/content/213/Seite.2130002.html

Seniorenbund.at

Der Seniorenbund ist die gesellschaftlich und politisch engagierte Interessenvertretung von Senioren in Österreich.
www.seniorenbund.at

In der Schweiz ist dies der »Schweizer Verband für Seniorenfragen«.
www.seniorenfragen.ch

Weiterbildung

Deutschland

Akademie 55 Plus

Die Akademie 55plus Darmstadt e. V. bietet ein umfangreiches Programm mit Veranstaltungen, Vorträgen, Seminaren, Ausflügen, Reisen, Wanderungen wie auch Sprach- oder Computerkursen in Darmstadt und Umgebung an.
www.aka55plus.de

Bildung ab 50

Eine umfangreiche Website rund um das Thema Wissen und Weiterbildung, die auch zum Schmökern einlädt.
www.bildung-ab-50.de

*senior*Trainer

*senior*Trainer stellen ihr Wissen ehrenamtlich gemeinnützigen Organisationen und Vereinen zur Verfügung und gründen auch eigene Initiativen.
www.seniortrainer.org

Österreich und Schweiz

AMS – Arbeitsmarktservice Österreich

Der AMS bietet mit einer umfassenden Datenbank eine Vielzahl an Aus- und Weiterbildungsinformationen.
www.ams.at

Ausbildung-Weiterbildung.ch

Das größte Schweizer Bildungsportal mit vielen Impulsen, Möglichkeiten und Tipps zur Weiterbildung.
www.ausbildung-weiterbildung.ch

Arbeit und Freizeit

Deutschland

Die Alten Hasen
Das Netzwerk aus unabhängigen Bankkaufleuten ist bundesweit tätig und berät in allen Lebensphasen und -fragen zu Themen rund um die Finanzen.
www.diealtenhasen.de

Feierabend.de
Das soziale Netzwerk Feierabend.de möchte den Erfahrungsaustausch zu unterschiedlichsten Themen und persönliches Kennenlernen ermöglichen. Viele Informationen und Berichte zu Themen wie Reisen, Gesundheit, Kultur, Partnerschaft und Liebe, Computer und Technik laden zum Lesen und Mitmachen ein.
www.feierabend.de

Nebenjobs.de
Die Internetseite Nebenjobs.de gibt Anregungen, Hilfe und Tipps, um einen passenden Nebenjob zu finden.
www.nebenjobs.de

Rent a Rentner
Rentarentner.de ist ein Internetportal, auf dem Menschen ab 50 ihre Arbeitskraft, ihre Expertise, ihre Erfahrung und ihr Wissen anbieten können.
www.rentarentner.de

Scholia.de

Auf der Internetseite scholia.de finden Sie Möglichkeiten, sich nebenberuflich, beruflich oder auch ehrenamtlich zu betätigen.
www.scholia.de

ZWAR – Zwischen Arbeit und Ruhestand (NRW)

ZWAR steht für »Zwischen Arbeit und Ruhestand«. ZWAR-Netzwerke sind keine Vereine, sie sind überparteilich und konfessionell ungebunden.
www.zwar.org

Österreich und Schweiz

Generationennetzwerk

Das Generationennetzwerk in Österreich will einen Beitrag zum lebendigen Miteinander zwischen Jung und Alt leisten.
www.generationennetzwerk.at

Seniorentreff

Der Seniorentreff ist ein Portal, auf dem Senioren miteinander in Kontakt kommen, kommunizieren und sich selbst organisieren.
www.seniorentreff.at
www.seniorentreff.ch

Senioren.ch

Das Portal »Senioren.ch« versteht sich als Marktplatz für Ideen, Produkte, Informationen und Unternehmungen.
www.senioren.ch

Seniorweb.ch

Seniorweb.ch ist eine dreisprachige Internetplattform für die Generation 50plus, die von über 100 Freiwilligen betrieben und gestaltet wird. Man findet dort viele Informationen, Netzwerke, Veranstaltungen und Weiterbildungsangebote.

www.seniorweb.ch

Beratung bei Sorgen, Partnerschafts- und Lebensfragen

Deutschland, Österreich und Schweiz

Die Caritas

Die Caritas bietet online psychologische Beratung und Hilfe, wenn die Herausforderungen bei Lebens- und Partnerschaftsfragen zu groß werden.

www.caritas.de/hilfeundberatung/onlineberatung/onlinebera
tung?searchterm=beratung
www.caritas.at
www.caritas.ch

Nationale Kontakt- und Informationsstelle für Selbsthilfegruppen (NAKOS)

Die NAKOS ist die bundesweite Informations- und Vermittlungsinstanz der Selbsthilfe in Deutschland. Sie kümmert sich um grundsätzliche Fragen der Selbsthilfearbeit, der Selbsthilfeunterstützung und -förderung.

www.nakos.de

Selbsthilfe Österreich (ARGE)

Die ARGE Selbsthilfe Österreich sammelt und bündelt die Interessen der Selbsthilfegruppen in Österreich.

www.selbsthilfe-oesterreich.at

Stiftung Selbsthilfe Schweiz

Die Stiftung Selbsthilfe Schweiz informiert zu Schweizerischen Selbsthilfegruppen und koordiniert diese.

www.selbsthilfeschweiz.ch

Die Telefonseelsorge

Bei der Telefonseelsorge kann man rund um die Uhr anonym anrufen oder mailen. Die geschulten und kompetenten Berater hören zu und helfen durch weiterführende Adressen oder Impulse.

Telefon: 0800 / 111 0 111, https://ts-im-internet.de/
In Österreich: www.telefonseelsorge.at
In der Schweiz: www.143.ch